날마다 승리하는 삶

봅 벨츠 저

네비게이토 출판사

네비게이토 선교회는
국제적이며 복음적인 기독교 기관이다.
예수 그리스도께서는 자기를 따르는 자들에게
"너희는 가서 모든 족속으로 제자를 삼으라"
(마태복음 28:19)는 지상사명을 주셨다.
네비게이토 선교회는 세계 모든 국가에서
예수 그리스도의 일꾼들을 배가시켜
이 지상사명을 성취하는 것을 돕는 것을
근본 목표로 하고 있다.

네비게이토 출판사는
네비게이토 선교회의 문서 선교를 담당하고 있다.
본 출판사에서는 그리스도인의 영적 성장을 돕는
서적과 자료들을 출판하여,
그리스도인의 삶의 기초가 견고한
헌신된 제자로 성장하고,
나아가 성숙한 인격과 지도력을 갖춘
일꾼이 되도록 돕고 있다.

Daily Disciplines for the Christian Man

Practical Steps to an Empowered Spiritual Life

Dr. Bob Beltz

Translated by permission
Title originally published in English as
DAILY DISCIPLINES for the CHRISTIAN MAN
by NavPress, a ministry of The Navigators.
©1993 by Bob Beltz
Korean Copyright ©1997
by Korea NavPress

차 례

저자 소개   7
감사의 말   8
추천의 말   9
들어가는 말 : 프로그램의 필요성   11
1장 : 단계 1 - 자신의 필요를 인식함   23
2장 : 단계 2 - 하나님의 능력을 확신함   35
3장 : 단계 3 - 성령의 능력을 힘입음   45
4장 : 단계 4 - 그리스도의 주재권을 인정함   63
5장 : 단계 5 - 영적으로 깨끗케 함   87
6장 : 단계 6 - 그리스도 안에서 자라 감   107
7장 : 단계 7 - 하나님의 나라를 위해 일함   127
8장 : 프로그램의 실행   147
부록   173

저자 소개

밥 벨츠는 미국 콜로라도 주에 있는 체리힐즈커뮤니티 교회의 목사로 섬기고 있습니다. 그 교회는 불과 몇 명에서 시작하여 지난 10년 동안 북미에서 가장 빨리 성장하는 교회가 되었습니다. 저자는 덴버 보수 침례신학교를 나왔고, 거기서 목회학 박사 학위를 받았습니다.

저자는 가르치고 이끄는 영역에서 탁월한 은사를 가지고 있습니다. 수요일 저녁에 그가 인도하는 성경공부에는 평균 1천 명이 넘는 사람들이 참석하고 있으며, 화요일 아침에는 덴버 지역에 사는 300명의 실업가들이 참석하는 성경공부를 인도하고 있습니다. 또한 실업가들을 대상으로 우선 순위의 삶과 대인 관계의 계발을 돕는 일에도 참여하고 있습니다.

저서로는 하나님과 깊은 관계를 계발하도록 도와주는 *Transforming Your Prayer Life*, 평신도용 요한계시록 주석인 *How to Survive the End of World* 등이 있습니다.

감사의 말

이 책이 나오도록 도움을 준 분들에게 감사를 표하고 싶습니다. 특히 몇몇 분들의 특별한 도움이 없었다면 독자들은 이 책에 실려 있는 아이디어들을 접할 수 없었을 것입니다.

나를 대신하여 이 책이 출판되도록 수고를 아끼지 않은 로이스 컬리, 나의 행정 보좌역인 캐런 모리슨, 나의 사역을 지원하고 격려해 준 체리힐즈커뮤니티 교회의 교인들에게 심심한 감사를 드립니다. 또한 동역자로서 지원과 격려를 아끼지 않은 짐 딕슨 목사님, 기술적인 도움을 준 더치 프랜즈와 커트 운리, 삽화를 그린 단 오딘, 이 책의 출판을 후원해 준 "약속을 지키는 사람들"(Promise Keepers) 모임의 빌 매카트니, 랜드 필립스 및 모든 사람들에게도 크게 감사드립니다.

모든 경건한 사람 뒤에는 언제나 기도하는 아내가 있다고 믿습니다. 내가 하나님의 사람이 되도록 도와준 아내와 두 자녀에게 참으로 고마움을 느낍니다.

추천의 말

미국의 전형적인 그리스도인이라면, 아무리 좋은 경건 서적을 읽어도 자극을 별로 받지 않을 것입니다. 책들이 그가 쓰는 말로 되어 있지도 않고, 그가 흥미를 보이는 것, 예를 들면 스포츠에 관해 쓰여 있지도 않기 때문입니다. 물론 그도 영적인 자극과 지도가 필요하다는 것은 알고 있습니다. 뿐만 아니라, 더욱 능력 있는 그리스도인이 되도록 도움을 준다면 진정으로 고마워할 것입니다. 그러나 지금까지 그가 접한 것은 지루한 설교뿐, 믿음을 통해 날마다 영적으로 능력 있는 삶을 사는 법을 구체적으로 보여 주는 안내서를 만나지 못했습니다.

여기서 미국의 전형적인 그리스도인이란 복음을 진지하게 믿기는 하나 그 믿음이 삶을 변화시키는 원동력임을 체험하지는 못한 그리스도인을 말합니다. 그는 인간적으로는 제법 행복하고 성공적인 삶을 살고 있는 것처럼 보이지만, 하나님과의 관계에 있어서는 표류와 좌절과 실패를 만성적으로 경험하는 사람입니다. 이제 그러한 영적인

문제를 타개하기 위한 도움을 받을 수 있게 되었습니다. 본서는 참으로 적절한 도움을 주고 있습니다.

  본서는 이처럼 힘없이 사는 그리스도인들에게 하나님과의 관계에서 판이하게 다른 삶을 살 수 있다는 것을 성경을 통해 보여 줍니다. 저자의 인도를 따라 한 단계 한 단계 나아가면서, 독자들은 새로운 발견을 하게 될 것이며, 하나님과 마음 설레는 관계를 갖고 싶은 간절한 열망을 느끼게 될 것입니다. 그리고 그 열망으로 말미암아, 변화를 위한 실제적인 훈련을 시작하게 될 것입니다. 본서는 가시가 없는 장미 정원을 약속하지 않습니다. 대충 따르기만 하면 변화를 일으키는 해결책은 없기 때문입니다. 기도하는 가운데 부지런히 힘쓰지 않으면 내부 및 외부의 저항 세력들이 우리의 영적 성장과 진보를 방해할 것입니다. 믿음으로 사는 삶의 난관뿐만 아니라 놀라운 가능성도 경험을 통해 잘 알고 있는 저자는, 표류하고 낙심하고 실패를 거듭해 온 하나님의 자녀들에게 풍성하고 능력 있는 삶을 살 수 있는 방법을 제시해 주고 있습니다.

버논 그라운즈
덴버 보수 침례신학교장

들어가는 말
프로그램의 필요성

테드는 죽어 가고 있습니다. 여태 고치지 못한 어떤 습관이 그를 죽이고 있는 것입니다. 가엾게도, 육체적으로만 죽어 가고 있는 것이 아니라, 감정적으로도 정신적으로도 죽어 가고 있습니다. 그의 행동은 파괴적인 결과를 가져왔습니다. 아내와 자녀들은 그를 멀리 했으며, 친구들과 직장 동료들로부터도 따돌림받았습니다. 그는 가까스로 버티고 있었습니다. 테드라는 이름은 그리 중요한 게 아닙니다. 오늘날 수많은 사람들이 그와 같은 상태에 있기 때문입니다. 테드는 알코올 중독자입니다. 그는 병에 걸려 있는 것입니다. 그리고 그 병이 그를 죽이고 있습니다.

아이러니컬하게도, 테드는 알코올 중독에서 벗어나기 위해 두 가지의 큰 단계를 밟았습니다. 첫 단계로, 몇 년 전 그는 자기의 병을 한사코 부인하던 상태에서 벗어나 자기 병을 인정하는 데까지 이르렀습니다. 자신이 알코올 중독자라는 것을 알고 인정한 것입니다. 그리고 나

서 테드는 치료를 위한 두 번째 단계도 밟았습니다. 알코올 중독자 협회에 가입하여, 사람들 앞에서 "여러분, 제 이름은 테드입니다. 저는 알코올 중독자입니다"라고 소개했습니다.

테드는 매주 그 협회의 모임에 성실하게 참석했습니다. 모임에 참석할 때는 술을 마시지 않으려고 노력했고 그렇게 되기도 했습니다. 그러나 모임이 파하면 흔히 술집으로 향하곤 했습니다. 그리고는 좌절감과 자기 혐오에 빠졌습니다. 그 알코올 중독자 협회도 테드에게는 진정한 도움이 되지 않았습니다. 수년이 되었지만 그는 그 모임에 참석하는 다른 사람들과는 달리 진정한 치료를 경험하지는 못했습니다. 테드는 나아지지 않았습니다. 오히려 더 심해지고 있습니다! 그는 지금 죽어 가고 있습니다.

무엇이 잘못되었습니까? 도대체 왜 테드는 나아지지 않고 있는 것입니까? 자신의 문제를 인정했고 그 협회에 가입하기까지 했는데 말입니다. 협회 바깥 사람들이 보기에는 그가 수수께끼의 인물같이 보입니다. 그러나 그 협회 사람들이 보기에는, 문제가 금새 분명해집니다. 테드는 그 협회의 회원이기는 하나, 그 협회에서 제공하는 치료 프로그램을 실행하지는 않고 있었습니다. 그 협회에 가입하는 것이 해결책은 아닙니다. 모임에 참석하는 것도 해결책은 아닙니다. 테드가 더 나아질 수 있는 길은 오직, 자신의 문제를 인정하는 정도를 넘어서 진지한 마음으로 자원하여 그 프로그램을 실천하는 것뿐입니다. 그렇게 할 때라야 그 프로그램의 치료 능력을 경험하며 자신의 생명을 구하게 될 것입니다.

◆ ◆ ◆

마이크도 죽어 가고 있습니다. 어떤 면에서는 테드와 전혀 다르고, 어떤 면에서는 똑같습니다. 마이크는 술을 마시지는 않습니다. 사실 오

랫동안 그는, 술을 마시거나, 마약을 사용하거나, 과식을 하거나, 기타 일단 빠지면 벗어나기 힘든 습관들과 씨름하고 있는 사람들을 정죄하며 비판하는 태도를 유지해 왔습니다. 마이크는 실제로 정죄하고 비판하기를 아주 잘합니다. 단지 그러한 비판적인 태도가 테드의 음주만큼이나 중독성이 있다는 것을 깨닫지 못하고 있을 뿐입니다. 테드에게 술 마시는 것이 필요한 것과 똑같이 마이크에게는 다른 사람을 비판하는 것이 필요합니다. 마이크는 내적으로 죽어 가고 있습니다. 그는 필사적으로 다른 사람보다 자기가 낫다고 생각하고 싶어합니다. 속에는 쓰라린 공허감이 가득 차 있고, 그리고 이를 메우기 위한 비판적인 태도로 인해 결국 모든 사람들로부터 따돌림을 받게 되었습니다. 그들은 그가 그토록 원하는 사랑과 기쁨을 안겨 줄 수도 있는 사람들이었습니다.

테드와 같이, 마이크도 자신의 병을 인정했습니다. 몇 년 전에 마이크는 극구 부인하던 태도에서 벗어나 자신의 삶에 뭔가 문제가 있다는 것을 인정한 것입니다. 그리고 자신의 내면에 깊은 공허감이 자리 잡고 있다는 것을 인정했습니다. 도움이 필요하다는 것을 알았습니다. 하나님께 도움을 요청했습니다. 마이크는 성경적인 의미에서 그리스도인입니다. 그는 회개하고 예수 그리스도를 주님과 구주로 모셔들이는 기도를 했고, 예수님께서는 그 기도를 들어 주셨기 때문입니다.

마이크는 교회에 등록했고 매주 예배에 참석했습니다. 그러나 그도 역시 테드처럼, 예배를 마치고 집으로 돌아오면 좌절감에서 나온 자멸적(自滅的) 행동이 극성을 부렸습니다. 그렇지 않은 적도 있었지만 드물었습니다. 수년 동안 마이크는 자신의 영적인 삶에 뭔가 근본적으로 잘못된 것이 있다는 것을 느끼면서 살아 왔습니다. 그는 우리의 삶을 변화시키는 예수 그리스도의 능력에 대해 들어 왔습니다. 풍성하고 열매 맺는 삶에 대해서도 들어 왔습니다. 그러나 그는 그런 것들

을 경험해 본 적이 없습니다. 예수님을 믿는 믿음은 그에게 효과를 나타내지 않고 있었습니다. 왜 그렇습니까?

마이크에게는 실제로 테드와 똑같은 문제가 바탕에 깔려 있었습니다. 불신자들은 마이크를 또 한 사람의 따분하고 위선적인 교인으로 분류할 것입니다. 그러나 교회 사람들은 마이크의 문제가 어디에 있는지를 정확하게 알고 있습니다. 마이크는 그리스도인이긴 했지만, 교회에서 제공하는 "프로그램"을 실행하고 있지는 않습니다. 교회에 등록하는 것이 해결책은 아닙니다. 교회에 가는 것도 해답은 아닙니다. 마이크가 자기의 문제를 인정하는 정도에서 벗어나 개인적인 변화와 약속된 풍성한 삶을 경험하려면 프로그램을 실행해야 합니다.

"12 단계 프로그램"

여러 해 동안 나는 알코올 중독자 협회의 놀라운 성공에 흥미를 느꼈습니다. 보수를 주며 채용하는 간사도, 건물도, 광고 예산도, 경영 자문도, 능률 전문가도 없이 그것은 세계에서 가장 성공적인 운동이 되었습니다. 맨해튼에서 모스크바에 이르기까지, 주중 어느 날이든, 세계 어느 도시에서든, 그 협회의 영향으로 치유를 경험하고 있는 사람들이 모여 교제하고 있는 것을 찾아볼 수 있습니다.

이 협회의 놀라운 성공은 거기서 계발한 매일의 프로그램에서도 찾아볼 수 있습니다. 이 협회의 12단계 프로그램은 알코올 중독자들의 치료를 돕는 데 아주 효과적입니다. 뿐만 아니라, 그 프로그램을 각각의 상황에 맞게 바꾸어 실행해 보았더니, 알코올 중독자뿐 아니라 삶을 파괴하는 다양한 문제들과 씨름하고 있는 수많은 사람들을 돕는데도 효과적이었습니다. 무절제한 식사 습관으로부터 성적인 탐닉에 이르기까지, 12단계 프로그램은 사람들로 하여금 보다 생산적인 삶을

살며, 그들의 삶에 기능 장애를 일으켜 온 문제들을 극복하도록 도움을 주고 있습니다.

내가 그 프로그램에 관심을 나타내자 한 친구가 그에 관한 책을 한 권 주었습니다. 그 책을 보니 그 협회가 대단한 성공을 거둔 이유를 금방 알 수 있었습니다. 12단계 프로그램의 각각의 원리들은 모두 성경적이었습니다. 협회에 가입하게 되면 자기들끼리 그룹을 만들게 되는데, 그룹의 사람들은 예수님께서 제자들에게 가르쳐 주신 삶의 방식대로 사는 법을 한 단계 한 단계 배워 나갑니다. 각 그룹은 그 자체가 신약성경에서 보여 주는 교제의 아름다운 모델입니다. 우리네 교회는 그 협회의 성공을 통해 도전을 받아야 마땅합니다. 교회는 교인들의 영적 활력을 향상시켜 주는, 단순하고 실제적이고 날마다 활용할 수 있는 프로그램을 계발하는 일에서 종종 실패해 왔습니다.

단순하게 하라

"미련한 자여, 단순화시켜라!" 이것은 결코 아첨하거나 칭찬하는 말이 될 수는 없습니다. 그럼에도 아마도 그것은 대부분의 그리스도인들이 자기 목사에게 하고 싶은 말일 것입니다. 내가 바로 그런 말을 들어야 할 사람입니다. 나도 목사이기 때문입니다. 20여 년 동안 나는 매주 적어도 두 번씩은 설교를 해왔습니다. 그러니까 대략 2000개 이상의 설교를 했다는 의미입니다. 주기적으로 반복하는 면도 있지만, 20년이 지난 지금도 나는 여전히 새로운 설교 거리를 계발하고 있습니다. 그 동안 엄청난 양의 정보를 머리 속에 채워 넣었기 때문입니다.

나는 정말 많은 "정보"를 가지고 있습니다! 나는 25년에 걸친 교육의 산물이기 때문입니다. 고등학교와 대학을 마쳤습니다. 대학원에도 갔습니다. 심지어 박사 학위까지 받았습니다. 실로 나의 지적 능력 이

상으로 교육을 받았다고 해도 과언이 아닙니다. 만약 정보가 진정한 영적 삶에 이르는 열쇠라면 나는 슈퍼 그리스도인일 것입니다. 하지만, 내 머리 속에 들어 있는 엄청난 양의 성경 말씀들이 반드시 영적 삶의 질적 발전을 가져오지는 않는 것 같습니다. 오해하지 마십시오. 나는 내가 배운 모든 것과 나를 가르쳐 준 모든 이들에 대해 감사하고 있습니다. 그러나 매일 활기 있게 그리스도와 동행하기 위해 진정으로 알아야 할 것이 무엇인지 곰곰이 따져 볼 때, 이 일을 위해 필요한 정보는 비교적 단순하다는 것을 깨닫습니다. 12단계가 필요하지도 않습니다. 대개 7단계면 이룰 수 있습니다. 다른 정보들은 과자 위에 덧씌운 당의(糖衣)와 같다고 할 수 있습니다. 달고 맛있기는 하지만, 그것은 기본적인 것을 보조하는 역할을 할 뿐입니다.

7단계 프로그램

알코올 중독자를 위한 12단계 프로그램의 진가를 깨닫고 나서, 그리스도와 동행하는 데 필요한 가장 기본적인 원리들이 무엇일까 깊이 생각하게 되었고, 그 원리들을 영적 활력을 유지하기 위한 매일의 프로그램으로 발전시키기 시작했습니다. 나는 내가 가르치고 있는 사람들의 손에, 그들이 매일 그리스도와 함께 성령의 인도를 따라 살아가도록 도와줄 수 있는 간단한 도구를 쥐어 주고 싶었습니다.

나는 영적인 삶을 위한 전략은 매우 중요하다는 것을 알았습니다. 몇 년 전 나는 기도 생활에서 부흥을 경험했습니다. 보다 깊이 있는 기도 생활에 이르는 성공적인 접근법을 계발하여 몇 년 간에 걸쳐 실행해 본 후, 나의 매일의 영적 삶에 긍정적인 변화를 일으키는 데 무엇이 필요한지를 분석해 보게 되었고, 그 결과 변화에는 다음과 같은 몇 가지 요소가 필요하다는 결론을 내렸습니다.

동기 부여. 내가 믿기로, 우리는 동기가 부여된 것을 행합니다. 자기가 원한다고 해서 행하지는 않습니다. 또한 어떤 행동이 필요하다는 것을 알고 있다고 해서 언제나 그것을 행하는 것도 아닙니다. 우리는 충분한 동기가 있어야 행합니다. 예를 들어, 나는 기도하기를 원했습니다. 나는 좀더 질적인 기도 생활이 필요하다는 것을 알고 있었습니다. 그러나 기도 생활의 변화에 필요한 실제 행동은 취하지 않았습니다. 영적인 삶의 이 영역에서 변화하고자 하는 동기를 충분히 부여받은 후에야 비로소 나는 기도 생활에 변화를 일으키는 데 필요한 행동을 실제로 취하였습니다.

결단. 동기 부여는 결단을 가져옵니다. 우리는 결단한 것을 행합니다. 결단은 변화를 위한 결정적인 동력이 됩니다. 아내와 사랑에 빠졌을 때, 나는 결혼하고 싶은 열망을 갖기 시작했고, 이어서 결혼하고자 하는 동기가 생겼습니다. 그러나 동기를 결단으로 연결시킬 필요가 있었습니다. 결혼하기로 결단을 내릴 때까지는 나의 동기는 결혼이라는 실체에 이를 수가 없습니다.

전략. 때로는 동기 부여도 되었고 결단을 내렸는데도 그것만으로는 원하는 변화를 일으키는 데 불충분한 경우도 있습니다. 만약 우리가 원하는바 변화를 이룩하는 방법을 모른다면, 동기와 결단은 단지 크나큰 좌절감으로 이끌 뿐입니다. 종종 영적인 삶에서 그런 일이 있습니다. 우리는 어떤 변화를 시도하도록 격려나 권면을 받는 경우가 자주 있습니다. 성령께서 확신을 주실 때, 우리는 필요한 동기를 얻어 결단을 하는 데까지 이릅니다. 그러나 어떻게 변화를 일으키는지 그 방법을 모르면, 우리의 결단은 단지 좌절감과 패배감만을 낳을 뿐입니다. 이때 필요한 것은 실제로 변화를 이룩하기 위한 전략입니다.

7단계 프로그램의 개관

기도 생활의 발전과 관련하여 이러한 사실을 깨달은 나는 기도 생활을 발전시키는 데 효과적인 하나의 전략을 계발했는데, 이는 다른 사람에게 가르쳐 전수시킬 수 있는 것이었습니다. 배운 사람들의 반응은 너무나 좋았습니다. 그래서 나는 활기 있는 영적 삶을 위한 핵심 요소들을 매일 실천할 수 있는 전략을 계발하기로 했습니다. 그 전략이 바로 이 책에 소개되어 있는 프로그램입니다. 만약 이 프로그램을 실행해 옮긴다면, 당신의 삶은 변화될 것이며 결코 테드와 마이크처럼 되지 않으리라 믿습니다.

단계 1 – 자신의 필요를 인식함

7단계 프로그램은 우리 삶에 주님께서 개입하시지 않으면 우리가 아무것도 할 수 없다는 것을 인정하는 데서부터 시작됩니다. 패배로 느껴지던 것이 실제로는 그리스도의 능력과 임재를 경험하는 삶의 출발입니다. 아이러니처럼 여겨집니다. 단계 1에서 당신은 "무능력함의 기쁨"이라는 것을 알게 됩니다. 그리고, 지금까지 영적인 여행이 왜 그렇게 어렵고 때로 실망스러웠는지 이해하게 됩니다.

이 단계는 매일 활기 넘치는 새로운 영적 삶에 이르는 시작입니다. 단계 1의 원리들을 충분히 이해했을 때, 당신 스스로는 영적 삶을 살 수 없다는 것을 기쁨으로 인정하게 됩니다. 그 결과 자연스럽게 단계 2와 3으로 나아가게 됩니다.

단계 2 – 하나님의 능력을 확신함

"무능력함의 기쁨"을 발견했다면, 이제는 하나님의 능력의 실체를 탐험할 준비가 되었습니다. 하나님의 능력을 아는 것이 활력 있는 영

적 삶의 비결입니다. 예수님께서는 제자들에게 "나를 떠나서는 너희가 아무것도 할 수 없음이라"(요한복음 15:5)라고 분명하게 말씀하셨습니다. 이 장에서는 "나는 할 수 없고, 주님은 하실 수 있다!"라는 간단한 공식을 어떻게 적용하는지 그 방법을 배우게 됩니다. 그리고 우리의 영적 여행 전체가 "믿음으로 의롭다 하심을 받음"이라는 진리에 토대를 두고 있다는 것을 알게 됩니다. 믿음으로 의롭다 하심을 받는 것은 그리스도와 동행하기 위한 기본적인 영적 원리입니다.

단계 1과 2는 그리스도 안에서 살아가는 삶은 우리의 자연적인 능력으로 사는 삶이 아니라 그리스도의 초자연적인 능력으로 사는 삶이라는 것을 보여 줍니다. 예수님을 영접함으로 새로 태어나는 순간부터 예수님을 얼굴과 얼굴로 대면하게 되는 그 순간까지, 단계 2에 포함되어 있는 원리는 영적 삶을 위한 능력의 원천에 연결되도록 우리를 준비시켜 줍니다.

단계 3 – 성령의 능력을 힘입음

단계 3은 당신을 성령께로 인도합니다. 당신은 예수님께서 제자들과 함께하셨듯이 당신과 함께하신다면 더욱 효과적으로 영적인 삶을 살 수 있으리라 생각할 것입니다. 그러나 당신은 오순절 이전의 제자들도 가지고 있지 않았던 능력의 원천을 소유하고 있다는 사실을 알고 있습니까? 이는 바로 성령이십니다.

단계 3에서는, 성령에 대해서뿐만 아니라, 매일의 삶에서 실제로 성령의 능력을 공급받는 법을 배우게 될 것입니다. 이를 통해 능력 있는 그리스도인의 삶을 살 수 있게 됩니다. 당신은 이제 당신 안에서 당신을 통해 사랑, 희락, 화평, 오래 참음, 자비, 양선, 충성, 온유, 절제를 나타내는 내적 원천인 성령의 능력을 힘입게 될 것입니다.

단계 4 – 그리스도의 주재권을 인정함

단계 4는 더욱 지속적으로 성령의 능력으로 살도록 도와줍니다. 우리가 영적 활력의 원천에 연결되었을 때라도, 예수 그리스도와의 밀접한 관계에서 멀어지게 하는 장애물을 발견할 것입니다. 단계 4는 육으로 사는 삶과 영으로 사는 삶을 이해하는 데 도움이 됩니다. 또한 "세상의 구조"라는 간단한 도구를 사용하는 법을 배우게 됩니다. 이 도구는 죄악 된 세상에서 하나님의 사람으로 살고자 할 때 벌어지는 영적 전투의 실상을 이해하도록 도와줍니다.

단계 4는 또한 "육신의 방해"라는 새로운 개념을 소개합니다. 그리고 당신이 성령을 따라 행하며, 좌절감을 안겨 주는 옛 생활을 극복하도록 도와줍니다. 마지막으로, 예수 그리스도를 삶의 왕좌에 계속 모시는 법을 배우게 됩니다.

단계 5 – 영적으로 깨끗케 함

영적인 삶에서 실패를 할 때 당신은 어떤 반응을 보입니까? 포기하고 싶은 마음이 듭니까? 죄책감과 자기 정죄에 빠져 영적으로 무기력한 삶을 살게 됩니까? 단계 5는 예수님의 죽음의 온전한 의미를 이해하도록 도와줍니다. 매일 영적으로 깨끗케 함을 경험함으로써 주님께서 십자가 위에서 이루신 일에 대해 감사하는 마음이 점차 자라 갑니다. 또한 과거의 죄로 말미암은 죄책감으로부터 자유롭게 되며, 새로운 마음으로 그리스도를 섬기게 됩니다.

단계 5는 당신의 영적 삶을 평가하는 기술을 가르쳐 줍니다. 이를 통해 그리스도의 특별한 능력이 필요한 취약 영역들을 알아내게 됩니다. 이 단계는 당신이 하나님과 자신 및 다른 사람들에게 정직하도록 도와줍니다.

단계 6 – 그리스도 안에서 자라 감

영적 활력을 주는 데 효과적인 매일의 프로그램이라면 마땅히 영적 성장을 위한 기본적인 훈련들을 포함해야 합니다. 날마다 활용할 경우, 이러한 훈련들은 삶 속에서 하나님의 뜻을 발견하도록 도와줍니다. 이 장은 하나님과의 관계를 향상시키기 위한 아이디어를 제공하는 데 초점을 맞춥니다. 그리고 어떻게 그리스도를 아는 지식에서 성장하며, 또한 그 지식에 따라 무엇을 해야 하는지를 이해하도록 도와줍니다.

단계 7 – 하나님의 나라를 위해 일함

매일의 프로그램에서 마지막 단계는 하나님의 나라를 위한 군사로서 세상으로 나아가는 전략을 제공해 줍니다. 그리스도인의 영적 계발을 위한 그 어떤 프로그램도 우리로 하여금 일어나 하나님의 나라를 위해 행동을 취하도록 하지 못한다면, 이는 부적당한 프로그램입니다. 앞의 모든 단계들은 예수 그리스도께서 자신의 삶을 사시는 통로인 당신을 준비시키기 위한 것입니다. 테레사 수녀는 자신을 "하나님의 손에 들려 있는 연필"이라고 한 적이 있습니다. 그는 생각하고 기록하는 것은 하나님의 일이라고 했습니다. 그가 해야 할 일은 단지 하나님께서 일하기 위해 사용하시는 도구가 되는 것이었습니다. 영적 삶에서 불만족과 침체를 경험하고 있는 많은 사람들에게 이것이 꼭 필요합니다. 단계 7은 하나님의 나라를 섬기는 하나님의 사람이 되기 위한 계획을 제시해 줍니다.

프로그램의 실천

이 책의 마지막 장은 앞에서 배운 것을 한데 모아 매일 사용할 수 있

도록 도와줍니다. 우리와 비슷한 한 사람이 실제로 프로그램을 실천하게 될 때 어떻게 될 것인지를 보여 줍니다.

자원하는 마음으로 시간을 들여 각 단계를 주의 깊게 배우고 실행에 옮긴다면, 테드와 마이크가 경험한 것과 같은 좌절을 피할 수 있습니다. 또한 예수님께서 약속하신 풍성한 삶을 경험하며, 하나님의 사람이 될 수 있습니다.

중요한 질문 하나를 하고 싶습니다. 당신은 무엇을 원하십니까? 현재 상태에 만족하십니까? 그렇다면, 이 책을 더 읽어 나갈 필요가 없습니다. 이 책에서 제시하는 것은 현상 유지를 위한 프로그램이 아닙니다. 그러나 만약 매일 영적 활기가 넘치는 삶을 살기 원한다면, 단계 1로 들어가십시오.

점검 사항

개인적인 묵상

1. 테드와 마이크의 갈등 가운데 어떤 점이 당신의 삶과 비슷합니까?
2. 당신은 사용법을 알고 있는 개인적인 프로그램을 가지고 있습니까?
3. 그리스도와의 관계에서 어떤 식으로 변화가 있기를 원합니까?

그룹 토의

1. 위의 질문들에 대한 답변을 그룹에서 나누도록 하십시오.
2. 프로그램의 실천을 위해 어떻게 서로 도울 수 있습니까?
3. 이 장의 내용 중에서 자신에게 가장 의미가 깊었던 내용은 무엇입니까?

1
단계 1
자신의 필요를 인식함

> 나를 떠나서는 너희가 아무것도 할 수 없음이라.
> (요한복음 15:5)

하나님 아버지, 저는 영적으로 무능력하옵기에, 하나님께서 저의 삶에 함께해 주지 않으신다면, 하나님의 사람이 될 수가 없사옵나이다.

나는 형편없는 하루를 보내고 있었습니다. 누구에게나 가끔 그런 날이 있을 것입니다. 그날은 특별히 좋지 않았습니다. 무슨 일 때문이었는지는 기억나지 않으나, 어쨌든 여러 환경에 대해 내 자신이 보인 반응 때문에 극도로 좌절감과 패배감을 느꼈던 것은 분명합니다. 오해하지 마십시오. 누구와 심하게 다투거나, 아내나 자녀들에게 화를 내었던 것은 아닙니다. 좌절감을 느낄 만한 무슨 행동을 한 것도 아니었습니다. 그러나 나는 좌절감을 느꼈습니다!

오후 4시경, 나는 그러한 상태에서 벗어나려는 마음에서 산책을 했습니다. 내 인생은 어느 덧 조깅이 몸에 무리를 준다고 포기하고 열심히 걷는 것으로 대신하는 지경에까지 이르렀습니다. 그날 오후, 나는 큰 걸음으로 성큼성큼 걸으면서 그날의 좌절감에 대해 생각하고 있었습니다. 문득, 머리 속의 생각과 발걸음이 일치되는 것을 느꼈습니다. 나는 할 수 없다(I can't). 나의 모든 갈등은 이 짧은 말로 요약되는 듯했

습니다. 발걸음을 내딛을 때마다 "나는"(I) "할 수 없다"(can't)를 반복하고 있었습니다. "나는/할 수 없다, 나는/할 수 없다, 나는/할 수 없다, 나는/할 수 없다…." 머리 속의 생각과 내딛는 발걸음의 박자가 딱 맞아떨어지고 있었습니다.

나는 할 수 없다, 나는 할 수 없다 하며 한참을 걷고 나니 한결 기분이 좋아지는 것을 느꼈습니다. 실제로 뭔가 치료 효과가 있었나 봅니다. 그것은 나의 영적 삶의 실상을 보도록 해주었습니다. 나는 할 수 없다. 이것이 모든 진정한 영적 삶의 출발점이라고 믿습니다. 역설처럼 들리겠지만, 진정한 영적 활력은 무능력함으로부터 비롯됩니다. 나는 영적으로 무능력합니다. 영적 생활에서 이것이 가장 기본이 되는 사실입니다.

기본적인 영적 원리

걷는 가운데 떠오른 그 생각은 성경적으로 옳은 것이었습니다. 그날 오후 내 머리 속에 반복적으로 떠오르던 그 메시지를 누군가가 들을 수 있었다면, 틀림없이 나를 약간 정신 나간 사람이라고 생각했을 것입니다. 그러나, 나는 모든 진정한, 성경적인 영적 삶의 밑바탕에 깔려 있는 진리를 단지 확인하고 있었을 뿐입니다.

효과적이고 참된 영적 삶을 날마다 살고자 한다면, 마땅히 하나님의 말씀의 진리에 뿌리를 내리고 있어야 합니다. 그리스도인의 삶을 배우는 데 있어서의 출발점이 있다면, 그것은 바로 믿음으로 의롭다 하심을 얻는다는 원리입니다. 줄여서 이신칭의(以信稱義)의 원리입니다. 이 원리야말로 모든 진정한 성경적 신앙의 근본 기초가 됩니다.

칭의 즉 의롭다 하심을 받는 것은 하나님과 인간의 관계와 관련된 개념입니다. 가장 기본적인 영적 질문은, 인간이 어떻게 하나님과 올

바른 관계를 맺을 수 있는가 하는 것입니다. 사도 바울은 이 근본이 되는 원리를 설명하기 위해 1세기의 법정에서 사용하는 개념을 빌어 왔습니다. 칭의란 의롭다는 선고를 받는 것을 의미합니다. 의롭다는 것은 일반적으로 인정되고 있는 기준과 올바른 관계에 있다는 것을 의미합니다.

법정에서는, 법이 곧 그 기준입니다. 그 법을 범했다고 어떤 사람이 고소를 당하면, 그는 실제로 그런 죄를 저질렀는지의 여부를 결정하기 위해 재판을 받아야 합니다. 만약 그의 행동이 법의 기준에 벗어났다면, 그는 불의한 것으로 드러나게 됩니다. 즉 기준과 일치하지 않는 것입니다. 한편, 만약 재판 결과 그 사람이 그 기준을 범하지 않았을 뿐만 아니라 실제로 그 기준에 합당하게 살아 왔다는 것이 밝혀지면, 재판관은 그 사람이 올바르다고 선고하게 될 것입니다. 이 경우에 그 사람은 의롭다 함을 받았다고 합니다.

이러한 상황을 비유로 하여 바울은 하나님과 인간의 관계에 대해 설명했습니다. 하나님과의 관계에서 올바름, 즉 의(義)의 기준은 하나님의 성품입니다. 따라서 사람들이 이 기준에 부합되는 삶을 살 능력이 있는가 하는 것이 중요한 문제가 됩니다. 행동이 그 기준에 부합되면, 올바르다 혹은 의롭다는 판결을 받게 될 것입니다. 그러나 만약 행동이 그 기준에 미치지 못하면, 그는 올바르지 않다 혹은 의롭지 않다는 판결을 받게 될 것입니다.

하나님과 인간의 관계와 관련하여 여기서 세 가지 가능성이 있을 수 있습니다. 이야기 전개상의 편의를 위해 그 세 가지를 각각 A안, B안, C안이라고 부르겠습니다.

A안

A안은 하나님과 올바른 관계 가운데 있게 하는 뭔가를 행할 능력이

우리에게 있다는 가정에 토대를 두고 있습니다. 이 안을 믿은 사람들로는 예수님 당시의 유대교인들이 있습니다. 하나님께서 구약의 율법을 주신 것은, 자기 노력으로 의롭다 함을 얻기 위한 도구로 사용하라는 것이 아니었으나, 주후 1세기까지 율법은 그런 용도로 사용되었습니다. 유대교는 율법을 잘 지킴으로 하나님의 은총을 얻을 수 있다고 가르쳤습니다. 이 안은 한 가지 중대한 결점이 있었는데, 효과가 없다는 것입니다. 인류 역사상 단 한 분만이 태도와 행동과 뜻에 있어서 율법의 요구를 완전하게 충족시키는 삶을 살 수 있었습니다. 바로 예수님이십니다. 그러나 예수님께서는 자기 노력으로 하나님의 은총을 얻으실 필요가 없었습니다. A안은 크나큰 좌절감을 맛보게 하거나 자기 기만에 빠지게 합니다.

B안

B안은 A안이 효과가 없다는 것을 전제로 출발합니다. 만약 하나님과 올바른 관계를 맺기 위해 내가 할 수 있는 것이 아무것도 없다면, 그리고 실제로 내가 하나님과 올바른 관계 가운데 있지 않다면, 나의 유일한 희망은 다른 누군가가 내가 하나님과 올바른 관계를 가질 수 있도록 나를 위해 뭔가를 해주는 것입니다. 만약 그것이 가능하다면, 이는 분명 좋은 소식이 될 것입니다. 그것이 무엇일까요? 그것이 바로 복음의 내용입니다! 내가 결코 할 수 없었던 것을 예수님께서 나를 위해 행하셨습니다. 하나님께서는 한 방안을 생각해 내셨습니다. 그 방안은 그리스도께서 행하신 일을 토대로 내가 하나님과 올바른 관계를 가질 수 있게 하는 것입니다. 우리는 이 방안을 믿음으로 말미암는 칭의(稱義)라고 부릅니다. 즉 예수 그리스도를 믿음으로 의롭다 하심을 얻는 것입니다. 그 안은 하나님의 은혜와 자비에 토대를 두고 있습니다. 그것은 예수님께서 십자가상에서 성취하신 일을 통해 가능해졌

습니다.

만약 내가 빈손 들고 하나님께 나아가 기꺼이 나의 필요를 인정하고, 예수 그리스도께 개인적인 반응을 나타내어 예수님께서 나의 죄를 대신 지고 죽으셨음을 믿고, 예수님을 나의 개인적인 구주와 주님으로 영접한다면, 하나님께서는 은혜의 선물로서, 하나님 보시기에 우리를 의롭다고 선언해 주시기로 약속하셨습니다(에베소서 2:8-9). 믿음은, 자신의 무능력을 알고 그리스도께서 완성하신 사역을 의지하는 것입니다. 나는 믿음으로 의롭다 하심을 받을 수 있습니다!

본서를 읽고 있는 대부분의 독자들은 아마도 이미 예수 그리스도를 주님과 구주로 영접했을 것입니다. 혹시 아직 예수님을 영접하지 않았는데, 영접하기를 원한다면, 다음과 같이 기도하십시오.

예수님, 저는 진정으로 예수님이 필요합니다. 저는 죄인이며, 하나님께 나아갈 수가 없습니다. 예수님께서 십자가에서 저를 위해 죽으신 것을 감사드립니다. 이제 예수님께로 돌이켜, 예수님을 주님과 구주로서 제 마음에 모시오니, 들어오셔서 제 삶을 다스려 주옵소서. 그리하여 예수님께서 원하시는 사람이 되게 해 주옵소서.

지금 이러한 기도를 드렸다면, 혹은 언젠가 이와 같은 내용의 기도를 드렸다면, 당신은 B안에 근거하여 하나님과 올바른 관계 가운데 있습니다. B안은 인간의 행위가 아니라 하나님의 은혜에 토대를 두고 있습니다. 반면, A안은 행위에 토대를 둔 것으로서, 효과가 없습니다!

C안
사실상 하나님과 관계를 맺을 수 있는 방법으로 생각해 볼 수 있는

것은 지금까지 설명한 단 두 가지가 있을 뿐입니다. 그러나 어떤 사람들은 이 두 가지를 합친 C안을 주장합니다. 이것은 그리스도에 대한 믿음과, 하나님의 은총을 얻기 위한 인간의 행위를 합치는 것입니다. C안은 실제로는 위장된 A안입니다. 갈라디아 성도들에게 편지하면서, 바울은 전혀 복음일 수가 없는 거짓 복음에 대해 언급합니다(갈라디아서 1:7). 만약 하나님과 올바른 관계를 맺기 위해 뭔가를 행해야 한다면, 이는 전혀 좋은 소식이 아닙니다. 우리는 큰 곤란 중에 처할 뿐입니다!

지금까지 언급한 내용의 요점은 이렇습니다. 즉, 믿음으로 의롭다 하심을 받는 것이 진정한 영적 삶의 밑바탕이 되는 원리입니다. 이는 성경에서 명확하게 보여 주고 있습니다. 그리고 그 원리의 중심에는 인간의 무능력함이라는 진리가 있습니다. 당신의 무능력함을 인정할 때라야 그리스도인의 삶을 살 수 있습니다. 빈손으로만 주님의 잔치에 참석할 수 있습니다. 믿음으로 의롭다 하심을 얻는다는 진리는 "나는 할 수 없다"는 경험이 참되다는 것을 뒷받침합니다.

무능력함의 기쁨

그리스도를 자신의 죄사함과 의(하나님과의 올바른 관계)의 근원으로 믿고 의뢰할 때, 비로소 우리의 영적 여정(旅程)이 시작됩니다. 이 여정에서 우리는 하나님께서 정하신 조건을 따라 자유롭게 하나님께 나아갈 수 있습니다. 그 조건에는 우리의 성취나 업적은 포함되지 않습니다. 많은 사람들은 이러한 좋은 출발을 했음에도 그 후의 영적 삶에서는 좌절감을 맛봅니다. 왜 그렇습니까? 그것은 우리가 구제 불능일 정도로 종교적이기 때문입니다. 여기서 "종교"란 하나님을 기쁘시게

하려는 인간적 노력을 통틀어 이야기하는 것입니다. 진정한 신앙은 그리스도를 통해 값없이 주어지고 값없이 받는 하나님과의 관계를 말합니다.

하나님과 관계를 맺기 위한 능력이 나 자신에게는 없는 것과 똑같이, 예수님께서 약속하신 "풍성한 삶"(요한복음 10:10)의 흉내라도 낼 능력이 나 자신에게는 없다는 것을 깨달아 왔습니다. 때때로 이러한 면에서의 무능력을 깨닫는 데는 오랜 세월이 걸리기도 합니다. 그러나 그 사실을 깨달을 때는, 구원을 값없이 선물로 받는다는 사실을 아는 것만큼이나 자유와 해방감을 누릴 수 있습니다.

나는 영적으로 무능력합니다. 영적 여행을 시작했을 때 무능력했으며, 매일의 영적 여행을 할 능력도 없습니다. 나는 하나님과 분리된 채 살아 왔던 그 시절의 영향에 대해 무능력하며, 그 시절이 나의 성장에 끼치는 영향으로부터 벗어나는 일에서도 무능력합니다. 오직 하나님의 은혜로, 그리스도를 영접함으로 하나님과의 관계를 회복하게 되었습니다. 오직 하나님의 은혜로, 무능력함에 불구하고 나는 하나님의 능력으로 매일을 살 수 있습니다.

어느 날 저녁 예수님께서는 예루살렘의 한 다락방에서 제자들과 함께 모이셨습니다. 지난 3년 동안 그들과 수많은 밤을 함께 지냈지만 그중에서 가장 중요한 밤이었습니다. 그 밤은 인간들의 죄의 대가를 치르심으로, 무능력한 사람들로 하여금 하나님을 알고, 사랑하고, 그리고 섬길 수 있도록 하기 위해 십자가에 못박히시기 바로 전날 밤이었습니다. 그 다락방에서, 예수님께서는 제자들에게 마지막 교훈을 하셨습니다.

사도 요한이 그 밤에 있었던 일을 기록한 기사를 보면, 예수님께서는 영적인 삶에 관한 가장 중요한 원리를 가르치시기 위해 포도나무와 가지를 예로 들어 설명하셨습니다. 예수님께서는 자신이 포도나무

라면 제자들은 가지와 같아서, 자신을 떠나서는 그들이 아무것도 할 수 없다고 가르치셨습니다(요한복음 15:5). 이 예화의 핵심이 되는 내용은, 제자들(우리)은 무능력하며 주님께서 그들(우리)에게 능력을 주신다는 것입니다. 주님께서는, 가지가 포도나무에 붙어 있는 것같이 그들이 주님 안에 거한다면, 그들은 많은 열매를 맺을 것이라고 하셨습니다. 열매란 예수님께서 우리 안에서 우리를 통해 하기 원하시는 모든 것들을 의미합니다. 열매를 많이 맺는 삶이 영적으로 활력 있는 삶입니다.

그리스도를 떠나서도 할 수 있는 것들이 많이 있습니다. 그러나 영적 삶과 관련해서는, 내주하시고 능력 주시는 예수님으로 말미암지 않은 모든 노력은 무익(無益)합니다. 우리는 무능력합니다.

언뜻 생각하면, 이 진리는 다소 김을 빼는 것처럼 느껴집니다. 무능력해지기를 원하는 사람이 어디 있겠습니까? 그러나, 이 진리를 이해하면 할수록, 더욱 해방감을 맛보며, 영적으로 활기 있는 삶을 살 수 있게 하는 능력의 근원에 연결될 수 있는 준비를 더 잘 갖추게 됩니다. 나는 이것을 "무능력함의 기쁨"이라고 부릅니다. 압박감은 사라집니다! 행할 수도 없었고 결코 행할 수 없는 것들을 하려고 더 이상 애쓸 필요가 없습니다.

무능력의 기쁨은 예수님께서 산상수훈에서 하신 첫 말씀의 요점이기도 합니다. 예수님께서는 축복된 삶의 열쇠들을 간략하게 보여 주시는 메시지를, "심령이 가난한 자는 복이 있나니"(마태복음 5:3)라는 선언으로 시작하셨습니다. 여기서 사용된 '가난하다'라는 말은 헬라어로는 *ptochos*인데, 극빈(極貧) 상태를 의미합니다. 그러므로 이 말씀을 풀어쓴다면, "영적으로 파산(破産)한 사람은 복이 있나니"가 될 것입니다. 다시 말해, 무능력한 사람은 복이 있습니다. 구원을 위해서뿐 아니라 풍성한 삶을 살기 위해서도 전적으로 그리스도를 의지하고 있

다는 것을 인식할 때 심령이 가난해집니다.

최근에, 나는 삶에 변화를 가져오는 경험을 했습니다. 나는 가족들의 동의하에 몇 주간 동안 일에서 떠나 혼자서 한 섬에 머무르게 되었습니다. 나는 21일 동안 계획을 따라 혼자 시간을 보내며 기도하는 시간을 가졌습니다. 거기엔 신문은 고사하고 텔레비전도, 라디오도, 잡지도, 우편물도, 전화도, 서적도 없었습니다. 하나님의 말씀을 잘 듣기 위해, 나는 주의를 흩뜨리는 일상적인 방해물들을 모두 제하였습니다. 그 기간 동안 일기를 기록했습니다. 그리고 그 기간이 끝난 후에는 하나님과 심령으로 주고받은 대화를 대화체로 기술해 보았습니다. 오해하지 마십시오. 물론 나는 하나님께서 말씀하시는 바라고 판단하는 데 얼마나 조심스러워야 하는지 잘 알고 있습니다. 나는 단지 내가 기도하고 있던 문제들에 대해 하나님께서 어떻게 응답하실지 생각해 보면서 이를 기록해 보았습니다. 나는 하나님과 단둘이 갖는 시간에 곧잘 이러한 방법을 사용합니다.

나는 자신의 영적 파산 상태를 알게 되었습니다. 그것을 깨달은 날의 대화가 어떻게 진행되었는지를 살펴보면 당신에게도 도움이 될 것입니다.

밥　："하나님 아버지, 저는 완전히 무능력합니다."
하나님："그렇고 말고!"
밥　："저는 하나님을 사랑할 능력도,
　　　　아내를 사랑할 능력도,
　　　　두 자녀에게 좋은 아버지가 될 능력도,
　　　　직무를 잘 수행할 능력도,
　　　　경제적 필요를 채워 나갈 능력도,
　　　　시간을 재미있게 보낼 능력도,

세상 물정 모르는 바보가 되지 않을 능력도,
　　　효과적인 삶을 살 능력도,
　　　열매를 맺을 능력도,
　　　사람들과 하나님의 나라에 기여할 능력도,
　　　뭔가 의미 있는 것을 행할 능력도,
　　　없습니다."
　하나님: "옳은 얘기야!"

　이 대화에서 보여 주는 바와 같은, 완전한 영적 파산이 실제로 축복된 삶으로 들어가는 첫 단계입니다. 예수님을 떠나서는 아무것도 할 수 없다는 것을 이해하고 인정할 때, 예수님께서 우리를 통해서 자신의 삶을 사신다는 것은 참으로 반가운 소식이 아닐 수 없습니다. 이 진리는, 다람쥐 쳇바퀴 돌리듯 아무리 애써도 아무 진보도 없는 삶에서 벗어나, 진정으로 능력 있는 영적 삶으로 들어갈 수 있도록 우리를 준비시켜 줍니다.

단계 1의 적용

지금쯤은 당신 자신의 무능력을 알게 되었을 것입니다. 그렇다면, 어떻게 이 진리를 매일의 삶에 적용할 수 있겠습니까? 이 책에 소개되어 있는 7단계를 활용하기 위해서는 먼저 자신의 무능력함을 인정하고 날마다 이 사실을 염두에 두면서 살도록 하십시오. 다음과 같이 기도함으로 그 프로그램을 실행하기 시작합니다.

　아버지 하나님, 저는 무능력하다는 것을 인정하고 아버지께 나아갑니다. 저는 근본적으로 무능력합니다! 저는 하나님으로부터

분리됨으로 말미암은 결과들에 대해서도 무능력합니다. 하나님께서 오늘 저의 삶에 개입해 주시지 않으면, 저는 하나님께서 원하시는 사람이 될 능력이 없습니다.

간단해 보이지만, 이것이 첫 단계입니다. 이러한 기도를 함으로써 당신은 아무 도움도 안 되는 자기 노력들을 중단하고, 하나님과의 역동적인 관계 가운데서 열매 맺는 삶을 살 수 있게 하는 능력의 근원에 연결될 수 있는 위치에 있게 되었습니다.

점검 사항

개인적인 묵상
1. 영적인 삶은 좌절감을 안겨 준다고 느낀 적이 있습니까?
2. 당신은 A안, B안, C안 중에서 어느 것을 따라 왔습니까?
3. 당신 삶의 어떤 영역이 당신의 무능력함을 가장 잘 드러냅니까?

그룹 토의
1. 그리스도인의 삶의 어떤 부분이 당신에게 어려움을 주어 왔는지 설명해 보십시오.
2. 당신은 언제 믿음으로 의롭다 하심을 받았습니까?
3. 무능력하다는 생각에 대해 어떻게 느낍니까?

34 날마다 승리하는 삶

2
단계 2
하나님의 능력을 확신함

내게 능력 주시는 자 안에서 내가 모든 것을 할 수 있느니라.
(빌립보서 4:13)

아버지 하나님, 하나님께서는 전능하십니다. 하나님만이 제가
하나님의 사람이 되게 하실 수 있사옵나이다.

"**나**는 할 수 없다!" 이것을 깨닫는 것이 신나는 영적 여행의 출발점입니다. 그러나, 이 말이 내 삶의 실상을 표현하는 것에 지나지 않는다면, 별 의미가 없을 것입니다. 대부분의 사람들은 지난 장에서 언급했던 좌절감에 쉽게 공감할 것입니다. 내가 산책할 때 경험한 바를 기억하시겠지요? 그러나 나의 한 걸음 한 걸음이 "나는 할 수 없다, 나는 할 수 없다, 나는 할 수 없다, 나는 할 수 없다"를 반복하는 것으로 끝났다면, 내가 비록 역동적인 영적 삶의 첫 번째 원리를 알아냈다 해도, 처음 시작했을 때와 마찬가지로 좌절감을 느끼며 그 산책을 끝냈을 것입니다. 그러나 또 다른 사실이 나를 좌절감으로부터 해방시켜 주었습니다.

나는 한동안 "나는 할 수 없다"를 반복하면서 산책을 하다가 거기에 변화를 가했던 것입니다. 나는 자신의 무능력함에 대한 진리를 알게 되자, 우주 전체에서 가장 위대한 진리로 나아갈 준비가 되었습니

다. 나의 무능력함과, 그 무능력함에 대한 인정은 그리스도의 능력에 대한 확신에 이르게 했습니다. 어느 새, 나는 "주님께서는 하실 수 있다(He can), 주님께서는 하실 수 있다, 주님께서는 하실 수 있다, 주님께서는 하실 수 있다…"라고 반복하고 있었습니다. 이것은 나의 무능력함의 이면(裏面)입니다. 나는 무능하나 그리스도께서는 능력이 충만하십니다. 주님께서는 그리스도인의 삶을 위한 모든 능력의 근원이십니다.

내 안에 계신 그리스도

나는 자동차를 아주 좋아합니다. 바퀴가 달려 있고 사람들을 빠른 속도로 실어 나르는 기계를 좋아한다는 말입니다. 이러한 열정은 주님의 사역으로 부름을 받았을 때는 그리 좋은 것은 아닌 것 같습니다. 어쩌면 그러한 열정을 충족시킬 만한 경제적 여유가 없을 것입니다. 나는 예수님을 믿기 오래 전부터 차에 대한 이러한 열정을 가지고 있었습니다.

고등학교에 다닐 때, 나의 차는 자랑거리요 즐거움이었습니다. 그 당시에 내 친구들은 대부분 코르벳을 몰고 싶어했는데, 나는 좀 특이했습니다. 나는 포르세(서독제 스포츠카)를 좋아했습니다. 그래서, 나는 포르세를 갖기 위해 전략을 세우기까지 했습니다. 대학에 진학하여 집을 떠난 나는 먼저 폭스바겐을 사기로 했습니다. 나는 학비 조달을 위해 돈을 저축했는데, 마침 장학금을 받게 되자 저축해 둔 그 돈으로 차를 사게 되었습니다. 나는 새로운 모델의 번쩍이는 빨간 폭스바겐을 몰고 자동차 대리점을 나서던 때를 기억합니다. 그때가 1968년이었는데, 나는 뒷 유리에 평화의 표시(손으로 만든 V자) 스티커를 붙이고, 차 안에는 스테레오 오디오 장치를 했습니다.

이것이 그 당시에는 얼마나 멋있었는지 모릅니다. 그러나 그 폭스바겐도 포르세를 손에 넣기 위한 전략의 첫 단계에 불과했습니다.

포르세를 향한 두 번째 단계는, 대학을 졸업하고 법률을 공부하는 로스쿨에 들어간 후 첫 해에 폭스바겐을, 지붕을 접을 수 있는 차종으로 바꾼 다음, 로스쿨을 졸업하고 법률 회사에 근무하게 되면 드디어 기다리고 기다리던 포르세를 사기로 했습니다. 이것이 나의 계획이었습니다. 그러나 그 계획은 실행되지 않았습니다.

포르세를 갖기 위한 계획은, 대학 3학년 때 전혀 예기치 않았던 분이 내 삶에 개입함으로써 방해를 받았습니다. 바로 예수님이십니다. 나는 그리스도인이 되었고, 나의 삶을 위한 하나님의 계획을 찾기 시작했습니다. 로스쿨에 들어가지 않기로 한 나는 대학을 졸업하고 나서 중서부 지방의 조그만 읍에서 청소년 사역자로서 일했습니다. 내 월급은 400불 정도라 포르세 구입 계획은 실현 가능성이 거의 없어 보였습니다. 나는 주님께 차에 대한 나의 열정을 없애 달라고 기도했으나 그 열정은 결코 없어지지 않았습니다. 그 후 8년 동안 계속 폭스바겐을 몰고 다녔습니다.

1980년, 포르세를 몰 수 있는 아이디어가 생각났습니다. 수년 동안 나는 고장 난 차를 사서 취미 삼아 수리를 해서 다시 팔곤 했습니다. 차를 사고 파는 기술이 늘어 갔습니다. 어느 날, '포르세를 사서 수리하여 도로 팔면 되지 않는가? 그리고 수리하는 동안 타고 다니면 될 게 아닌가?' 하는 생각이 들었습니다. 그 해에 처음으로 포르세를 샀습니다. 그 후 17대의 포르세를 샀습니다. 거의 모든 형(型)의 포르세가 다 나를 거쳐갔습니다. 단, 최고의 포르세로 여겼던 930 터보형만 제외하고. 이 차의 힘은 너무나 강력해 상상을 초월할 정도입니다.

자 이제 가정을 해봅시다. 당신은 포르세에 대한 나의 애착, 특히 반드시 언젠가는 930 터보형을 소유하고픈 열망을 잘 알고 있다고 합

시다. 어느 날 내가 당신에게 전화를 합니다. 방금 930 터보형을 샀는데, 몰고 가 한번 보여 주고 싶다는 전화입니다. 비록 당신이 자동차에 대한 나의 광적인 열정에 별로 관심이 없을지라도, 예의상 나의 청을 받아들일 것입니다.

우리 집과 당신 집은 거리가 2km 정도 됩니다. 나는 지금 바로 출발하겠다고 하고서 수화기를 놓습니다. 당신은 내가 당신 집 앞에 차를 몰고 나타나기를 기다립니다. 그런데, 수십 분이 지나도 나는 도착하지 않습니다. 수시간이 지나도 여전히 나타나지 않습니다. 경찰에 전화를 해서 무슨 사고가 났는지 알아보려는 순간 내가 포르셰를 밀면서 당신 집 앞에 도착하는 것이 창 밖으로 보입니다. 나는 땀과 기름과 먼지로 범벅이 되어 있습니다. 그러나 나는 만면에 웃음을 머금고 있습니다! 당신에게 내 차가 어떠냐고 묻자, 당신은 내가 차를 밀고 오는 것을 보니 차에 무슨 문제가 있는 게 분명하다고 합니다. 그 말에 나는 이렇게 밀고 오는 수밖에 다른 무슨 방도가 있겠느냐고 반문합니다. 당신은 엔진을 작동시켜 운전을 해서 오면 되지 않느냐고 묻습니다. 그때 나는 의아해하면서 "엔진? 엔진이 뭡니까?"라고 묻습니다.

이 이야기는 가정에 불과합니다. 진짜 이렇게 행동하는 바보는 없을 것입니다. 400마력의 강력한 힘에 차값이 거의 1억원이나 하는 차를 미약한 나의 힘으로 밀고 왔다면 참으로 미련한 일입니다. 하지만, 그런 식으로 영적인 삶을 사는 그리스도인들이 많이 있습니다. 그들은 아예 "엔진"의 존재 자체를 모르거나, 알더라도 작동시키는 법을 모릅니다.

내 안에 계신 그리스도는 진정한 성경적 신앙의 기초입니다. 그리스도께서는 나의 죄를 제(除)하시고 하나님 보시기에 의롭게 하셨을 뿐만 아니라, 내 속에 거하시기 위해 들어오셨습니다. 내 마음은 그리스도의 집이 되었습니다. 이제, 모든 힘과 능력을 지니신 그리스도께

서 내 속에 계십니다. 주님께서는 하실 수 있습니다! 나로 그리스도인의 삶을 살 수 있게 해주는 힘의 원천은 내 안에 계시는 그리스도이십니다.

삶의 방법

영적인 삶과 관련하여 두 가지의 기본적인 문제가 있습니다. 하나는 앞장에서 언급한 것으로서, 살아 계신 하나님과의 관계에서 무엇을 토대로 내가 의롭다 함을 얻는가 하는 것입니다. 다른 하나는 생명의 문제입니다. 나는 그리스도를 떠나서는 무능력할 뿐만 아니라, 실제로 죽어 있습니다. 내가 예수 그리스도를 주님과 구주로 영접하기 1초 전까지만 해도 나는 심각한 문제를 가지고 있었습니다. 죽어 있었기 때문입니다.

인간은 모두 죽은 채로 태어납니다. 이상하게 들리겠지만, 그것은 사실입니다. 영적으로 죽은 채로 태어난다는 말입니다. 하나님께서 인간을 창조하실 때 두 가지 생명을 지닌 존재로 만드셨습니다. 하나는 육적 생명이요, 또 하나는 영적 생명입니다.

창세기에서 생명을 나타내는 히브리어는 복수형인 *chaiyim*인데, 이는 인간 생명의 이중적 성격을 암시합니다. 신약성경에서는 더욱 분명합니다. 육적인 생명과 영적인 생명 사이의 차이를 나타내기 위해 두 가지의 헬라어 단어가 실제로 사용되었습니다. 요한복음 10장에서 예수님께서는 사람들이 생명을 얻도록 하기 위해 이땅에 오셨다고 하셨습니다(요한복음 10:10). 여기서 생명으로 번역된 헬라어는 *zoe*입니다. 이것은 영적인 생명을 나타내기 위해 자주 사용되는 단어입니다. 다음 구절에서 예수님께서는 제자들에게, 그들에게 이 영적인 생명을 주시기 위해 자신이 어떤 대가를 치러야 할지를 말씀해 주셨습

니다. 예수님께서는 그들을 위해 자기 생명을 버리실 것이라고 하셨습니다(요한복음 10:11). 여기서는 헬라어 *psuche*가 사용되었습니다. 이 단어는 인간의 영혼을 나타내기 위해 사용되기도 하지만, 흔히 육적인 생명을 나타내기 위해 사용되었습니다.

하나님께서는 아담에게 선악을 알게 하는 나무의 실과는 먹지 말라고 하셨습니다. 만약에 먹는 날에는 정녕 죽을 것이라고 경고하셨습니다(창세기 2:17). 아담이 자신의 자유를 하나님의 계명을 어기는 데 사용했을 때 무서운 일이 일어났습니다. 그 순간 아담이 땅에 엎드러져 육적으로 죽거나 하지는 않았습니다. 장차 그렇게 될 것입니다. 그러나 하나님과 그의 관계는 즉시 손상되었습니다. 그는 하나님을 두려워하게 되었고 그분으로부터 숨었습니다. 그의 죄에 대해 심문받을 때, 아담은 변명하면서 하와의 탓으로 돌렸습니다. 무슨 일이 일어났습니까? 아담은 그의 죄로 말미암아 영적으로 죽었던 것입니다.

그때 아담에게 사실이었던 것은 모든 인간들에게도 사실입니다. 우리는 육적으로 살아 있는 상태로 태어나지만, 영적으로는 죽어 있는 상태로 태어납니다. 우리는 영적 생명을 필요로 합니다. 사도 바울은 에베소의 신자들에게 그들이 예수님을 영접하기 전에는 그들의 허물과 죄로 죽어 있었다고 상기시켰습니다(에베소서 2:1 참조). 그는 또한 로마의 그리스도인들에게는 "죄의 삯은 사망"(로마서 6:23)이라고 했습니다.

예수님께서 이땅에 사실 때, 이 영적인 생명의 문제에 대해 끊임없이 말씀하셨습니다. 어느 날 밤 니고데모라는 사람이 예수님을 찾아 왔습니다. 그는 예수님께, 자신은 유대인의 지도자요 선생이지만 예수님은 하나님으로부터 보내심을 받은 선생이 분명하다고 했습니다. 그러자 예수님께서는 그가 다시 태어나지 않으면 결코 하나님의 나라에 들어갈 수 없다고 말씀하셨습니다. 예수님께서는 계속해서, 육으로 난

것(육적으로 출생한 것)은 육이요, 영으로 난 것(영적으로 출생한 것)은 영이라고 설명하셨습니다(요한복음 3:3-6).

인간에게 있어서 두 번째로 중요한 문제는 어떻게 영적 생명을 소유하느냐 하는 것입니다. 영적 생명의 근원은 오직 하나뿐입니다. 성경은, 예수님에 대해 "그 안에 생명이 있었으니"(요한복음 1:4)라고 말합니다. 예수님은 나의 무능력함을 극복할 수 있는 능력의 원천이십니다. 나는 죽어 있기 때문에 그것을 극복할 수 없습니다. 나는 생명이 필요합니다. 예수 그리스도께서 생명을 주십니다. 예수님께서 십자가에서 죽으셨다가 부활하심으로 나를 위해 행하신 것을 내가 받아들이고 그분을 내 마음속에 영접하는 순간 놀라운 변화가 일어납니다. 바로 그 순간 나는 죄사함을 받으며, 의롭다고 선언됩니다. 동시에 예수님께서는 성령을 보내 주셔서 내 안에 거하게 하십니다. 성령을 통해 예수님께서는 내 안에 거하기 위해 오시며, 성령께서 오실 때 생명을 가지고 들어오십니다. 나는 두 번째 출생 즉 영적 출생을 경험합니다. 이제 성령은 내 안에 사시며, 성령의 임재로 말미암아 예수님은 내 안에 사시며, 나를 통해 사실 수 있게 됩니다. 이러한 변화는 다음 쪽에 있는 그림으로 설명할 수 있습니다.

내 안에 계신 그리스도께서는 그리스도인의 삶을 위한 능력의 원천이십니다. 인류 역사상 단 한 사람만이 온전한 삶을 살았습니다. 그는 바로 예수님입니다. 그리스도인의 삶의 경이는 예수 그리스도께서 우리를 **통해** 그분의 삶을 살기로 선택하셨다는 놀랍고도 신비한 사실에 기초하고 있습니다. 그분은 내 안에 거하시며, 내 안에서 나를 통해 일하시기 위해 오셨습니다. 나는 할 수 없습니다. 그러나 예수님께서는 하실 수 있습니다. 이것을 아는 것이 바로 효과적이고 열매 풍성한 영적 삶을 사는 비결입니다.

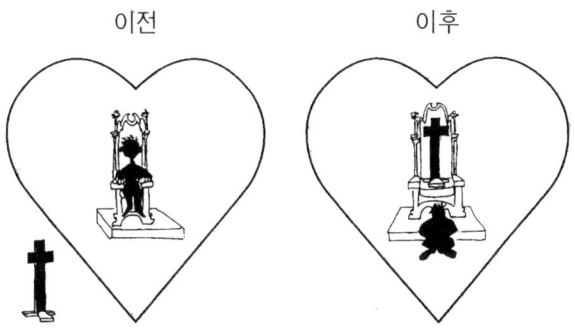

이전　　　　　이후

단계 2의 적용

단계 2를 적용하기 위해서는 그리스도께서 오늘 당신 안에서 당신을 통해 그분의 삶을 사시도록 요청하기만 하면 됩니다. 다음과 같이 기도할 수 있습니다.

> 주 예수님, 저는 무능력합니다. 주님께서 제 삶에 개입하지 않으시면 주님을 기쁘시게 하는 삶을 살 능력이 없습니다. "저는 할 수 없다"는 것을 인정합니다. 주님께서 모든 능력의 근원이심을 믿습니다. 오늘 제 안에서 저를 통해 주님의 삶을 사시옵소서. 제게 힘을 주셔서 주님의 능력을 힘입어 살 수 있게 하시니 감사합니다. 주님께서 저를 만드실 때 계획하셨던 그런 사람이 되게 하여 주시옵소서.

그리스도께서 당신 안에서 당신을 통해 사시도록 기도했으면, 당신은 이제 영적인 능력과 열매 맺는 삶의 근원 되신 주님께 연결하여 그 능력을 끌어다 쓸 수 있는 방법을 배울 준비가 되었습니다. 그리스도께서는 성령을 통해 우리 안에 거하시며, 우리의 삶에 능력을 주십

니다. 단계 3에서 성령으로 말미암아 능력 있는 삶을 사는 법을 배우게 됩니다.

점검 사항

개인적인 묵상
1. 당신은 자기 힘으로 하나님의 사람이 되고자 노력하고 있지는 않습니까?
2. 그리스도께 당신 안에 사시도록 요청한 것은 언제입니까?
3. 당신의 삶에서 어떤 영역들이 특히 그리스도의 능력을 필요로 합니까?

그룹 토의
1. 위의 질문들에 대한 자신의 답을 함께 나누십시오.
2. 당신 자신의 힘으로는 감당할 수 없는 어떤 것을 행하도록 그리스도께서 도와주신 것을 경험한 적이 있으면 나누십시오.
3. 당신은 삶의 어떤 영역에서 그리스도를 의지하기가 가장 어렵습니까?

44 날마다 승리하는 삶

3
단계 3
성령의 능력을 힘입음

오직 성령의 충만을 받으라.
(에베소서 5:18)

성령님, 오늘 성령님의 임재와 능력으로 저의 삶을 채워 주시옵소서. 오늘 제 안에서 저를 통하여 그리스도의 삶을 사시옵소서.

영화사(映畵史)에 있어서 과학 영화의 고전을 꼽으라면 "침입자"(*Invasion of the Body Snatchers*)라는 영화를 들 수 있을 것입니다. 그 영화는 그 분야에서 고전이어서 시대가 바뀌면서 새로운 세대의 관객들을 끌어들이기 위해 몇 번에 걸쳐 새로 만들어졌습니다. 그 영화의 주제는 비교적 단순합니다. 외계인이 우리 지구를 침입하여 인간들의 몸을 입습니다. 침입 과정에서 외계인의 침입을 받은 사람이 누에고치와 같은 엷은 막 속에 갇혀 있는 기간이 있는데, 그 동안에 내적으로 탈바꿈이 일어납니다. 그래서 침입을 받은 사람들을 그 영화에서는 "고치 인간"이라고 합니다.

갑자기 왜 공상과학 영화 이야기를 하며, 이것이 우리가 하나님의 사람이 되는 것과 무슨 관련이 있는지 의아해할 것입니다. 어떤 의미에서 이 영화는 그리스도와 날마다 역동적이고 효과적으로 동행하기 위해서는 어떤 것이 필요한지를 이해하는 데 도움이 될 수 있다고 생

각되어 이야기를 꺼낸 것입니다. 성경적인 그리스도인은 그 고치 인간과 많은 공통점을 가지고 있습니다. 어떤 의미에서 우리는 "외부" 생명의 침입을 받은 사람들이라고 할 수 있습니다. 어느 날 우리는 예수 그리스도가 누구신지, 그리고 그분을 모셔 들이기 위해서는 어떻게 해야 하는지를 알게 되었습니다. 예수님께서는 우리에게 마음의 문을 열라고 말씀하셨고, 우리는 그 말씀에 응답하여 마음 문을 열고 예수님께 우리 마음에 들어오시도록 요청하였습니다. 그리하여 예수님께서 우리 안에 들어오셨습니다. 예수님께서는 지금 우리 안에 살고 계십니다.

성령의 인격

우리가 예수님을 개인적인 구주와 주님으로 영접한 사실에 대해서는 설명하기가 비교적 쉽습니다. 그러나, 예수 그리스도께서 어떻게 우리 안에 살고 계시는지를 정확하게 설명하는 것은 약간 어렵습니다. 부활하신 후, 예수님께서는 살과 뼈가 있는 몸으로 제자들에게 나타나셨습니다. 그들은 예수님을 만졌고, 함께 대화를 나누었으며, 함께 아침 식사를 하기도 했습니다(요한복음 21:12). 40일 동안 예수님께서는 여러 가지 방법으로 자기의 부활이 진짜임을 명확히 보여 주셨습니다. 예수님의 부활은 단지 영적인 의미의 부활이 아니라 실제로 몸이 다시 살아나신 것입니다. 제자들은 부활하신 예수님의 몸을 직접 눈으로 보고 손으로 만져 볼 수 있었습니다.

사도행전 1장에서, 누가는 예수님의 승천을 기록하고 있습니다. 제자들이 보는 가운데서 예수님께서는 육체적으로 지구를 떠나 천국의 하나님 보좌 우편으로 돌아가셨습니다. 이것은 무슨 신화적인 사건이 아니었습니다. 그것은 실제로 있었던 사건이었습니다. 그분의 몸은 들

리워졌고, 하늘로 올리워 감에 따라 제자들의 시야에서 점차 사라졌습니다. 천사들이 멍하니 바라보고 있는 제자들에게 예수님께서는 똑같은 방법으로 다시 오실 것이라고 했습니다(사도행전 1:11). 예수 그리스도의 재림은 신비주의적이고, 은밀하고, 영으로만 이루어지는 무슨 사건이 아닐 것입니다. 예수님께서는 육체를 지니신 모습으로 다시 오실 것입니다. 그렇다면 어떻게 예수님이 우리 삶 가운데로 들어오시며, 우리 마음속에 거하실 수 있겠습니까?

어느 날 제자들은 예수님께서 그들을 떠나가실 것이라고 말씀하시자 마음에 근심이 가득하였습니다(요한복음 16:6). 예수님께서는 근심에 찬 그들에게, 자기가 떠나가는 것이 그들에게 실제로 더 유익이라고 말씀해 주셨습니다(16:7). 이 땅에 머무르시는 한, 예수님께서는 그들과 함께하시는 면에서 제한을 받으십니다. 예수님께서는 자신이 하나님 아버지께로 돌아가 영원 전부터 소유하고 계셨던 영광스러운 자리로 복귀하시면, 그들과 영원히 함께 있도록 성령을 보내 주시겠다고 말씀하셨습니다. 성령께서 과거에도 그들과 **함께** 계시긴 했지만, 이제는 그들 **안에** 계실 것입니다(요한복음 14:17). 이것이 얼마나 신나는 말씀인지 이해하기 위해서는 성령에 관한 두 가지 중요한 사실을 알 필요가 있습니다.

첫 번째 사실 – 성령은 인격체이시다!

우리가 알아야 할 첫 번째 사실은 성령은 인격체이시라는 것입니다. 나는 요즘 성령이 얼마나 잘못 이해되고 있는지, 놀랄 때가 한두 번이 아닙니다. 많은 사람들이 성령을 무슨 영적인 힘이나 물질로 여기고 있습니다. 성경은 성령이 인격체라는 것을 분명히 보여 주고 있습니다. 그분은 인격체이지 무슨 물질이나 힘이 아닙니다. 그분은 영적 인격체입니다.

인격체는 세 가지 특성을 가지고 있습니다. 첫 번째는 지성입니다. 물질이나 힘은 지적인 능력 혹은 이성적인 능력을 가지고 있지 않습니다. 성령은 지성을 가지고 있습니다. 성령은 하나님의 사정(마음)을 알고 있다고 성경은 기록하고 있습니다(고린도전서 2:11).

인격체의 두 번째 특성은 감정을 가지고 있다는 것입니다. 물질이나 힘은 감정적 반응을 나타내지 않습니다. 그러나 성령은 그런 반응을 나타냅니다. 성령은 근심도 하고 탄식하기도 하십니다(에베소서 4:30, 로마서 8:26).

인격체의 나머지 하나의 특성은 의지를 가지고 있다는 것입니다. 인격체는 선택을 할 수 있는 능력을 가집니다. 성령은 그리스도인들에게 영적인 은사들을 그분의 뜻대로 나누어 주십니다. "이 모든 일은 같은 한 성령이 행하사 그 뜻대로 각 사람에게 나눠 주시느니라"(고린도전서 12:11).

하나님의 영은 이 세 가지 특성 모두를 가지고 있습니다. 그는 인격이시며, 무슨 물질이나 어떤 영향력이 아닙니다. 이것은 깊이 명심해야 할 중요한 개념입니다. 성령과의 관계나, 성령 안에서 행하는 것이나, 성령 충만이 무엇을 의미하는지에 대해 말할 때, 우리는 어떤 힘이나 물질이 아니라 어떤 인격체와 우리의 관계에 대해 말하고 있습니다. 성령의 일과 사역에 대한 혼돈의 대부분은 이 사실에 대한 오해에 근거하고 있습니다.

두 번째 사실 - 성령은 하나님이시다

성령에 관한 중요한 진리 가운데 두 번째는 성령은 하나님이시라는 것입니다. 하나님의 사람으로 살아가는 능력의 원천에 연결하는 법을 이해하려면, 먼저 이 사실을 이해하는 것이 필수적입니다. 내가 알기로는, 하나님께서 삼위일체(三位一體)로 존재하신다는 것만큼 이해하

기가 어려운 영적 개념은 없습니다. 하나님은 한 분이지만 셋이라니, 어떻게 그럴 수가 있습니까?

역사상, 성경적인 믿음을 정의하고자 해왔던 사람들은 이 개념을 하나님은 한 본질, 세 위격(位格)으로 존재하신다, 즉 본질에 있어서는 하나요 위격(位格)에 있어서는 셋이라고 설명했습니다. 성경은 오직 한 하나님이 계신다는 것을 분명히 합니다. 모세는 "이스라엘아, 들으라. 우리 하나님 여호와는 오직 하나인 여호와시니"(신명기 6:4)라고 선언했습니다. 오직 한 분의 진정한 하나님이 계십니다.

우리는 대부분, 우리가 아버지라고 부르는 하나님 즉 성부 하나님이 하늘에 계신다는 것을 인정하는 데는 별로 어려움을 느끼지 않을 것입니다. 그리스도인으로서 우리는 하나님께서 육신을 입고 이땅으로 내려오셨다는 것도 믿게 되었습니다. 우리는 예수 그리스도를 믿는 것입니다. 예수님은 성자 하나님이십니다. "아버지께서는 모든 충만으로 예수 안에 거하게 하시고"(골로새서 1:19). "그[예수 그리스도] 안에는 신성의 모든 충만이 육체로 거하시고"(골로새서 2:9). 사도 요한은 태초에 말씀이 계셨다고 말합니다(요한복음 1:1). 그는 헬라의 철학 용어인 '말씀' 즉 '로고스'라는 단어를 사용하여 성육신 전의 그리스도를 묘사했습니다. 그는 계속해서 말하기를, "이 말씀이 하나님과 함께 계셨으니, 이 말씀은 곧 하나님이시니라"(요한복음 1:1)라고 했습니다. 헬라어 본문에서 이 구절의 구조를 살펴보면, 예수님은 성부와 동등하시나 성부와 구별됩니다.

이땅에 계실 때, 예수님께서는 성부 하나님에 대해 많은 이야기를 하셨고, 또한 성부 하나님과 함께 대화하며 많은 시간을 보내셨습니다. 예수님께서는 모든 것을 행하시되, 아버지의 능력 주심을 의뢰하면서 아버지의 뜻에 순종하여 행하셨습니다. 그럼에도 예수님께서는 "나와 아버지는 하나이니라"(요한복음 10:30)라고 말씀하셨습니다.

아버지도 하나님이시요, 아들도 하나님이시나, 오직 한 하나님이 계시는 것입니다.

　이러한 개념들이 이해하기가 쉽지 않듯이, 성령에 관한 것도 마찬가지일 것입니다. 예수님께서는 제자들에게 자신이 아버지께로 돌아가시면 성령을 보내 주실 것이요, 성령께서 그들과 새로운 관계를 맺게 될 것이라고 말씀하셨습니다. 성령께서는 그때까지는 그들과 함께 계셨지만, 이제는 그들 안에 계시게 될 것입니다. 성령께서 그들 안에 거하시기 위해 오실 때, 바로 예수님께서 그들 안에 계시게 될 것이요, 아버지께서도 그들 안에 거하시게 될 것입니다(요한복음 17:23). 성령께서 계시는 곳은 어디든 예수님께서 계십니다. 그리고 예수님께서 계시는 곳은 어디나 아버지께서 계십니다. 셋이나 하나이신 것입니다. 이것을 다음과 같은 그림으로 나타낼 수 있을 것입니다. 하지만 이 그림이 삼위일체를 완전하게 표현해 주고 있다고 생각하지는 않습니다. 삼위일체에 대해서는 인간의 어떤 언어나 예화로도 완전하게 설명할 수 없기 때문입니다. 다만 이해에 도움을 주고자 하는 것입니다.

삼위일체

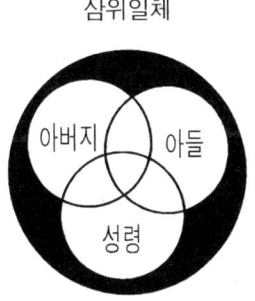

　큰 원은 하나님께서 하나이심을 나타냅니다. 서로 겹치는 세 개의 원은 삼위일체의 삼위(三位)를 나타냅니다. 세 위(位)는 독특하고 구

별되나, 본질에 있어서 하나이십니다. 삼위의 인격은 서로 겹칩니다. 나는 이것이 이해하기가 쉽지 않은 것임을 알고 있지만, 여기서 말하고자 하는 핵심은, 예수님께서 하나님이시요 아버지께서 하나님이신 것과 똑같이 성령께서도 하나님이시라는 것입니다. 이것은 하나님의 사람이 되고자 할 때 엄청난 의미를 내포하고 있는 아주 중요한 진리입니다.

한번 생각해 보십시오! 당신이 예수 그리스도를 주님과 구주로 영접할 때, 당신 안에 성령께서 들어오신 것입니다. 당신 속에 무슨 비인격적인 힘을 가지고 있는 것이 아닙니다. 당신 안에 삼위일체 하나님의 제3위이신 성령께서 들어오신 것입니다. 당신은 하나님이신 분을 당신 속에 모시고 있는 것입니다. 하나님께서는 당신 안에 계시고, 당신이 그리스도인의 삶을 살 수 있도록 언제나 도와주실 수 있습니다. 성령께서는 하나님의 모든 속성을 다 지니고 계십니다. 성령께서는 전지(全知)하십니다. 따라서 당신은 온 우주에서 가장 지혜로우신 분을 당신 안에 모시고 있는 것입니다. 그런 분이 바로 당신 안에 살고 계시는 것입니다. 그분은 전능(全能)하십니다. 당신은 무한한 능력을 지니신 분을 당신 속에 모시고 있는 것입니다. 가장 지혜로우시고, 거룩하시고, 공평하시고, 사랑이 무궁하시고, 선하시고, 의로우시고, 온전하신 성령께서 당신의 속사람을 자신의 거처로 삼으셨습니다!

성령의 사역

성령의 사역이란 주제는 여러 가지 면에서 살펴볼 수 있습니다. 우리 삶에서 일어나는 가장 심오한 변화를 향한 영적 여행의 출발점부터 성령께서는 역사하십니다. 성령은 우리를 위한 하나님의 계획에 있어서 그 계획이 실제로 이루어지도록 하는 연결 고리 역할을 하십니다.

성부께서 영원 전에 계획하신 모든 것은 성자의 사역으로 말미암아 이루어질 수 있게 되었으며, 성령의 사역에 의하여 우리의 진정한 경험이 된다고 말할 수 있습니다.

우리 삶을 그리스도께 의탁하기 전에도 성령께서는 일하고 계셨습니다. 우리는 하나님의 뜻에 위배되는 삶을 살아 왔습니다. 성경은 이것을 죄라고 부릅니다. 당신과 나는 나면서부터 죄인이었습니다(시편 51:5). 이것은 언제나 우리에게 참된 사실이었지만, 우리가 언제나 이 사실을 알고 있었던 것은 아닙니다. 또한 우리가 의식했든 하지 않았든, 그리스도의 은혜와 용서가 우리를 위해 준비되어 있었다는 것도 진실입니다.

어느 날, 이 두 가지 진리가 우리에게 명확해지기 시작했습니다. 우리는 우리 삶에 뭔가 근본적으로 잘못된 것이 있다는 것을 깨닫기 시작했습니다. 우리 삶의 방식과 우리가 행하고 있는 많은 것들이 그릇되다는 것을 인식했습니다. 무엇이 이러한 깨달음을 낳았습니까? 바로 성령의 역사로 말미암은 것입니다. 성령의 사역 가운데는 우리로 하여금 자신의 죄와, 죄사함의 필요성을 깨닫게 하는 것도 포함됩니다. "그가 와서 죄에 대하여, 의에 대하여, 심판에 대하여 세상을 책망하시리라"(요한복음 16:8). 이 과정을 죄의 자각(自覺)이라고 합니다.

죄를 깨닫게 하는 과정에는 그리스도가 누구이시며 우리를 위해 무엇을 하셨는가를 깨닫도록 돕는 것도 수반됩니다. 나는 예수님의 죽음과 부활에 대해 한두 번 들은 게 아닙니다. 그러나 그러한 정보는 내게 아무 의미도 없었습니다. 나는 회의론자였고, 기독교에 대한 것들에 아주 비판적이었습니다. 그런데 어느 날 죄를 깨닫기 시작했습니다. 나는 무슨 일이 진행되고 있는지 알 수 있는 아무 단서도 가지고 있지 않았습니다. 내가 아는 것은 단지, 이제는 친구들이 그리스도에 대해 나에게 이야기할 때 이해가 되기 시작했다는 것입니다. 어느 날

단계 3 - 성령의 능력을 힘입음 53

저녁 나는 요한복음 3장을 읽고 있었습니다. 성경을 읽고 있다는 그 자체가 조그만 기적이었습니다! 그것을 읽어 나가는 가운데 모든 것이 분명히 깨달아졌습니다. 예수님은 스스로 주장하는 바와 같은 분이었습니다! 그분은 나를 위해 죽으시고 부활하신, 하나님의 아들이셨습니다. 그분은 나의 삶 가운데로 들어와 하나님의 사랑과 계획을 깨닫게 하실 수 있는 분이었습니다. 나는 그것을 분명히 알게 되었습니다. 명확히 깨닫게 된 그 순간에 죄를 깨닫게 하시는 성령의 사역은 완성된 것입니다. 나는 자신이 구제 불능이며 나 자신의 힘으로는 아무 소망이 없으며, 예수님께서 나의 필요를 채워 주기 위해 계신다는 것을 별안간 깨닫게 되었습니다. 이로 인해, 나는 내 생애에 있어서 가장 중요한 결단의 순간에 이르게 되었습니다. 다음에 일어난 일도 역시 성령의 사역이었습니다.

　나는, 인간 스스로는 하나님의 은혜에 응답할 수 없다고 믿습니다. 그 은혜에 응답할 수 있게 하시는 하나님의 은혜가 또한 필요한 것입니다. 결단을 하게 하시는 성령의 역사가 없이는, 나는 예수 그리스도를 영접할 수가 없었을 것입니다. 나는 결단을 내려야 한다는 것을 알았습니다. 어떤 면에서 그것은 내 생애에 있어서 가장 힘든 결단이었습니다. 몇 달 동안이나 나는 그리스도인이 됨으로 치러야 할 대가에 대해 계산해 왔었습니다. 이제 진리를 깨닫게 되었으나 내가 그리스도인의 삶을 살아갈 수 있을지는 여전히 알 수가 없었습니다. 그러나 내 속에서 어떤 일이 일어나고 있었습니다. 나는 결단을 할 수가 있었습니다. 나는 침대 곁에 무릎을 꿇고 이렇게 기도했습니다. "예수님, 저는 예수님께서 살아 계시며 예수님에 대한 모든 것이 사실임을 압니다. 저에게는 예수님이 필요합니다. 제 대신 십자가에서 죽어 주신 것에 대해 감사드립니다. 제 속에 들어오셔서 저의 주님과 구주가 되어 주시옵소서." 그러한 기도를 진정으로 할 수 있게 한 능력은 성령

께서 주신 것임을 확신합니다. 다음에 일어난 일은 참으로 하나의 신비입니다.

내가 그러한 기도를 했을 때 예수 그리스도께서는 내 안에 거하시기 위해 들어오셨습니다. 어떻게 들어오셨습니까? 그분은 내 안에 거하도록 성령을 보내신 것입니다. 기억하십시오. 성령께서 계신 곳은 어디나 예수님께서 계십니다. 예수 그리스도께서는 구주로서 이땅에 오실 때 인간의 몸을 입으셨습니다. 죽음에서 부활하실 때, 그분은 여전히 몸을 가지고 계셨습니다. 제자들은 그분을 만졌고, 심지어 함께 식사를 하기까지 했습니다. 물론 그분의 몸은 우리의 몸과는 다른 것이었습니다. 우리도 언젠가는, 부활하신 그분의 몸과 같은 몸을 가지게 될 것입니다. 그 몸은 살과 뼈가 있는 몸이었습니다. 예수 그리스도께서 아버지께로 승천하실 때, 몸을 입은 채로 올리워 가셨습니다. 어느 날 그분은 십자가에서 시작하신 일을 마치기 위해 다시 오실 것입니다. 그때 그분은 몸을 가지고 계실 것입니다. 그 몸은 신령하고, 영원하고, 썩지 않고, 영광스러운 몸이겠지만, 몸은 몸입니다.

예수 그리스도께서 우리 속으로 들어오시도록 요청할 때, 그분은 육체를 가지고 들어오시지는 않습니다. 주님께서는 우리의 가슴을 절개하고 몸 속으로 걸어 들어오시는 게 아닙니다. 그건 아주 우스꽝스런 일일 것입니다. 예수님께서는 우리 안에 거하시도록 성령을 보내심으로 우리 안으로 들어오십니다. 그리스도께서는 성령을 통해 들어오시는 것입니다. 그런 일이 일어날 때 비로소 우리는 영적으로 살아나게 됩니다. 영적으로 새로워지는 것과 새로운 출생은 성령의 역사로 말미암은 것입니다. 성령이 없는 상태가 영적으로 죽어 있는 상태입니다. 그분은 생명의 원천입니다. 예수님께서는 "살리는 것은 영(靈)이니"(요한복음 6:63)라고 말씀하셨습니다. 성령께서는 생명을 주십니다. 영적인 생명이 있다는 것은 바로 성령께서 내주해 계신다는

의미입니다. 성령으로 난다는 것은 거듭나는 것이요, 새로이 태어나는 것이요, 위로부터 나는 것입니다.

이것은 모두 너무나 좋아 보여서 사실이 아닌 것처럼 들릴 정도입니다. 성령 하나님께서 우리 속에 들어오시고 우리에게 새로운 생명을 주시는 것은 온 우주에서 가장 큰 선물입니다! 그것이 큰 선물이기는 해도, 그것은 성령께서 우리 삶 가운데서 행하기 원하시는 것의 시작에 불과할 뿐입니다. 그리스도의 사랑과 용서라는 선물을 받아들임으로 우리는 하나님 보시기에 의롭다는 선언을 받습니다. 이것은 존재하지도 않는 우리의 의(義)에 토대를 둔 것이 아니라, 우리 것으로 간주되는 그리스도의 의(義)에 토대를 둔 것입니다. 이것이 바로 믿음으로 말미암아 의롭다 하심을 받는다는 의미입니다. 그러나 우리 삶을 위한 하나님의 계획은 단지 우리가 그분 보시기에 의롭다고 여김을 받는 것으로 그치는 것이 아닙니다. 그분은 우리가 실제 삶에서 의로워지기를 원하십니다. 어떻게 그런 일이 일어나겠습니까? 그런 일이 일어나게 하는 것이 바로 성령의 사역입니다.

성령은 말 그대로 **거룩한** 영이십니다. 성령께서 거하시는 곳이 어디든 그분은 또한 그곳을 거룩하게 만들기 위해 역사하십니다. 구약 성경에서, 성령은 이스라엘의 성막과 성전에서 하나님의 영광을 나타내셨습니다. 성막과 성전은 하나님께서 성령으로 임재해 계셨기 때문에 거룩한 장소였습니다. 하나님께서는 나무와 돌로 만든 건물에 거하기를 진정으로 원하신 적은 없습니다. 그분이 거하기 원하시는 건물은 여섯 번째 날에 창조하신 사람입니다. 그분은 인간의 몸이 그분의 성전이 되며, 그분이 창조하신 인간들의 삶을 통해 그분의 영광을 나타내기를 원하십니다. 우리가 영적으로 죽어 있을 때는 하나님의 영광을 나타내는 것이 불가능합니다. 아직 그럴 준비가 갖춰지지 않았기 때문입니다. 이제, 그리스도 안에서 우리 몸은 하나님의 성전이

되었습니다. 어떻게 그렇게 되었습니까? 성령의 임재를 통해서입니다. 바울은 고린도의 성도들에게 "너희가 하나님의 성전인 것과 하나님의 성령이 너희 안에 거하시는 것을 알지 못하느뇨?"(고린도전서 3:16)라고 물었습니다.

성령께서 우리 안에 거하실 때, 그분은 우리가 거룩한 처소가 될 수 있도록 우리 안에서 역사하시기 시작합니다. 그분은 성화(聖化)라는 변화 과정을 시작하는 것입니다. 성화란 거룩하게 한다는 의미입니다. 성령께서는 우리의 속사람부터 변화시키기 시작하십니다. 그분의 목표는 우리가 예수 그리스도의 형상을 닮아 가게 하는 것입니다(로마서 8:30). 하나님께서 언제나 원하시는 바와 같은 그런 사람이 되게 하는 것이 성령의 사역입니다. 우리도 그 과정에서 담당해야 할 역할이 있기는 하지만, 지금은 먼저 성령께서 담당하시는 중요한 역할에 대해 이해하기 바랍니다.

그리스도와의 관계가 발전해 감에 따라, 우리는 하나님을 기쁘시게 하는 것을 행하고자 하는 열망이 생기기 시작합니다. 우리는 하나님을 기쁘시게 하는 방식으로 살고 싶어할 뿐 아니라, 또한 하나님의 나라를 섬기는 일을 하고 싶어하게 됩니다. 이러한 열망은 우리의 동기부여 시스템에서 성령께서 역사하심으로 말미암아 생긴 결과입니다. 하나님 나라의 일은 영적인 일입니다. 그 일에는 우리가 자연 상태에서는 가지고 있지 않은 자원의 준비가 필요합니다. 그래서 모든 그리스도인들은 거듭나는 순간 영적 은사라는 초자연적인 능력을 받습니다(로마서 12:1-8). 이러한 은사들은 성령의 임재를 통해 주어지며, 성령에 의해 능력이 부여됩니다. 하나님의 뜻에 일치하게 그 은사들을 사용할 때, 성령께서는 능력을 주시고 축복하셔서 영적인 열매를 맺게 하십니다.

성령에 대한 이러한 사실들을 종합해 볼 때, 우리가 하나님께서 원

하시는 사람이 되고자 하면 우리와 성령의 관계가 얼마나 중요한지를 알 수 있을 것입니다. 영적인 삶의 모든 면에서, 성령은 우리가 그러한 삶을 살 수 있도록 하나님의 능력을 전달해 주는 일을 하십니다. 우리 삶의 목표는 영적인 사람이 되는 것입니다. 오직 성령만이 이를 가능하게 하십니다.

성령의 능력을 힘입음

단계 3은 성령의 능력을 힘입는 단계입니다. 이제 우리는 능력을 주시는 성령의 임재에 접속할 수 있게 되었습니다. 그렇게 함으로써 우리는 경건한 사람으로 살아갈 수 있게 됩니다. 성령께서는 모든 거듭난 그리스도인 안에 계시기는 하나, 각각의 그리스도인과 동일한 관계를 맺고 계시지는 않습니다. 자기 안에서 자기를 통하여 성령께서 원하시는 모든 것을 행하시도록 허락하는 그리스도인이 있는가 하면, 그렇지 못한 그리스도인도 있습니다. 성령께서 우리 안에서 우리를 통하여 일하시도록 하려면, 우리는 성령으로 충만해져야 합니다(에베소서 5:18).

성령의 능력이 그리스도인의 삶에 주어지는 구체적인 방법에 관하여 그리스도인들 사이에 상당한 혼란과 의견 차이가 있습니다. 그토록 놀라운 것이 분열의 요인이 되고 있다는 것은 애석한 일이 아닐 수 없습니다. 사탄을 이기도록 능력을 주시는 성령에 관한 진리를 두고 그리스도인들끼리 서로 싸우는 것을 보고 사탄은 즐거워할 것입니다. 성령께서 능력을 주시는 과정을 단순화시켜 봅시다.

성령은 인격체라는 사실을 기억하십시오. 성경에서는 우리 손에 쉽게 잡히지 않는 영적 실체들을 묘사하거나 정의하려고 할 때 종종 구체적인 것을 나타내는 용어를 사용하는데, 성령과 우리의 관계를 표

현할 때도 그런 방법을 사용합니다. 사용하는 언어에 있어서는 완전한 일치를 이루지 못할 수도 있으나, 일반적으로 우리는 모두 동일한 경험을 원하고 있을 것입니다.

능력 있는 삶은 성령의 내주(內住)를 깨달음으로부터 시작됩니다. 당신이 만약 예수 그리스도를 주님과 구주로 마음에 모셔들이기 위해 초청을 했다면, 그분은 이미 들어와 계십니다. 그분이 들어오시는 유일한 방법은 성령을 보내사 당신 안에 거하게 하시는 것입니다. 그러므로, 그리스도를 영접했다면, 당신은 성령을 모시고 있습니다(로마서 8:9). 성령께서 내주하신다면, 그 다음으로 하나님께서 원하시는 것은, 성령께서 당신 속에서 가장 지배적인 영향력을 행사하는 것입니다. 이와 같이 성령께서 우리 속에서 지배적인 영향력을 행사하시게 될 때 성경에서는 이를 성령으로 충만해졌다고 말합니다.

성령으로 충만하다는 것의 의미는 무엇입니까? 우선, 성령 충만한 상태가 진정한 그리스도인의 정상적인 상태라는 것을 명심하십시오. 사도 바울은 "성령의 충만을 받으라"(에베소서 5:18)고 썼습니다. 헬라어 원문에서 이 동사는 현재 시제로 되어 있습니다. 이는 계속적이고 진행 중인 행동임을 보여 주는 것입니다. 그러므로 이 구절은 다른 말로 하면, "계속 성령으로 충만한 상태를 유지하라"는 의미로 이해될 수도 있습니다.

"충만"이라는 말의 헬라어 원어는 *pleroo*입니다. 이러한 문맥 가운데서 사용될 때, 그것은 "…의 지배적인 영향 아래 있다"는 의미입니다. 다르게 표현하면, "…에 의해 통제를 받다, …에 의해 영향을 받다, …에 의해 능력을 부여받다"라는 의미가 될 것입니다. 이 개념을 이해하는 데 있어서 가장 흔히 범하는 실수는 성령을 인격체가 아니라 무슨 물질처럼 생각하는 것입니다. 이러한 개념상의 실수가 발생하면, 우리는 그 물질을 더 많이 혹은 더 적게 갖는 것에 대해 생각하며, 충

만하게 되는 것을 컵에 물을 채우는 것과 같은 과정으로 생각하게 됩니다. 성령이 인격체라는 것을 감안할 때, 그런 생각은 옳지 않다는 것을 알게 됩니다. 우리에게 필요한 것은 물질과 같은 성령을 더 많이 갖는 것이 아니라, 인격체인 성령을 더 많이 경험하는 것입니다. 누군가가 "진정한 문제는 우리가 성령을 더 많이 갖는 것이 아니라, 우리가 그분의 영향에 굴복함으로써 그분이 우리를 더 많이 갖는 것이다" 라고 하였는데, 옳은 말입니다.

성령으로 충만해지려면 성령께 굴복해야 합니다. 굴복하려면, 누가 나의 삶에서 지배적인 영향을 미치기 원하는지를 결정해야 합니다. 나의 삶을 성령께서 다스리도록 하기 원하십니까? 아니면, 자아(自我)가 다스리기를 원하십니까? 어느 쪽을 진정으로 원하는지 점검해 볼 수 있는 간단한 방법이 있습니다. 당신이 성령의 능력을 덧입기 원하는 것은, 하나님께 순종하는 삶을 살며 하나님의 뜻을 이루기 위해서인지, 아니면 단지 이기적인 욕구를 만족시키기 위해서인지를 살펴보는 것입니다. 내 생각에는, 성령의 능력을 한 번도 맛보지 못한 많은 사람들은, 아마도 성령께서 후자와 같은 목적을 위해 능력을 베푸시는 것으로 잘못 이해하고 있었을 것입니다. 진리와는 너무나 동떨어진 생각입니다.

우리의 삶과 뜻을 주님께 굴복시키고, 또한 순종하는 삶을 살며, 하나님의 목적을 위해 더 쓰임받고자 하는 간절한 마음 때문에 능력을 힘입고자 한다면, 우리는 성령께서 우리 삶에 충만하시도록 구할 수 있는 올바른 태도를 지니고 있는 셈입니다. 이것이 단계 3에서 필요로 하는 마음입니다. 하나님께서는 우리가 무엇이든지 그분의 뜻에 합당한 것을 구했다면 받은 줄로 믿으라고 하셨습니다(요한복음 5:14-15). 성령으로 충만해지는 것은 하나님의 뜻입니다. 하나님께서 이를 명하셨기 때문입니다. 에베소서 5:18은 명령형으로 되어 있습니다. 이것은

성령 충만을 받아도 되고 받지 않아도 되는 것이 아니라, 누구나 받아야 한다는 의미입니다. 또 하나님께서 명령하셨다는 사실은 우리가 구하면 응답해 주실 것이라는 확신을 갖게 합니다.

예수님께서는, 하나님 아버지께서는 구하는 자에게 성령을 주시기를 기뻐하신다고 하셨습니다(누가복음 11:13). 단계 3을 밟기 위해, 기도의 특권을 사용하여 다음과 같이 구하십시오.

> 성령님, 성령님의 임재로 제 삶을 가득 채워 주옵소서. 저의 삶을 인도하시며 능력을 입혀 주옵소서. 제 안에서 저를 통해 능력으로 역사하시옵소서.

정말로 그렇게 간단할 수가 있습니까? 물론입니다! 그것을 간단하게 만들기 위해 누군가가 이미 큰 대가를 치렀습니다. 성자 하나님께서 십자가에 달리셔야 했던 것입니다. 성령의 충만을 구하는 이 기도는 간단하게 보이지만, 성령께서 우리 안에서 능력 있게 역사하시게 합니다. 진심으로 기도했다면, 그 기도는 응답되었다는 것을 믿으십시오. 성령께서 당신 삶을 충만케 해주시는 것에 대해 지금 성령께 감사하도록 하십시오. 성령께 감사하는 것은 믿음의 행동이며, 믿음은 바라는 것들을 실제 삶에서 경험하게 합니다(히브리서 11:1).

이제 무엇을 해야 합니까? 당신은 성령으로 충만해질 뿐 아니라, 또한 성령으로 행하여야 합니다(갈라디아서 5:25). 성령으로 행하려면 하나님의 사람이 되기를 원하는 가운데, 한 걸음 한 걸음 내디딜 때마다 계속 성령 충만을 유지하는 것이 필요합니다. 성령 충만한 한 걸음 한 걸음이 모여서 성령으로 행하는 것이 됩니다. 성령으로 행하기 위해서는 우리 삶에서 그리스도의 주재권을 유지하는 법을 알아야 하며, 어떠한 장애물이 우리로 곁길로 빠지게 하는지를 이해할 필요

가 있습니다. 단계 4에서 이에 대해 살펴보겠습니다.

점검 사항

개인적인 묵상
1. 인격체로서의 성령에 대해 생각해 보십시오.
2. 당신은 얼마나 성령께 자신의 뜻을 굴복하고 있습니까?
3. 성령으로 행한다면 당신의 삶은 어떻게 달라지겠습니까?

그룹 토의
1. 성령에 대해 새롭게 배운 것을 나누어 보십시오.
2. 당신이 성령 충만한 상태였다고 생각되었던 때에 대해 나누어 보십시오.
3. 당신으로 하여금 성령으로 행하지 못하게 막는 장애물에는 어떤 것이 있습니까?

4
단계 4
그리스도의 주재권을 인정함

너희 마음에 그리스도를 주(主)로 삼아….
(베드로전서 3:15)

주 예수님, 저는 기꺼이 제 삶의 왕좌를 포기하옵나이다.
예수님께서 제 삶의 주님으로서 저를 다스려 주시옵소서.

나는 톰이 뒤로 떨어지는 것을 보았습니다. 큰일 났다는 생각과 함께 어떻게 되었는지 알아보려고 그쪽으로 급히 달려갔습니다. 나는 우리 교회 교인 몇 명과 함께 멕시코의 티와나 지역의 빈민가에 머물면서, 커다란 골판지 상자로 만든 집에 살고 있는 한 가족을 위해 집을 지어 주고 있었습니다. 우리는 보람 있는 시간을 가졌고, 일을 거의 마쳐 가고 있었습니다.

   그 집은 경사가 급한 언덕 위에 건축되고 있었습니다. 경사가 급한 언덕받이에 집들을 짓고 있기 때문에 집들은 아래 집들의 꼭대기 위치에 지어지고 있었습니다. 우리가 짓고 있던 집의 바로 아래에는 또 다른 집이 건축되고 있었습니다. 톰은 뒷걸음질을 치면서 우리 조의 작업에 찬사를 보내다가 그만 벼랑 아래로 떨어진 것입니다. 뒤로 물러설 때 자기가 어디로 가고 있는지를 미처 몰랐습니다. 그는 우리 집 바로 아래의 집을 짓기 위해 파놓은 구덩이로 곤두박질하고 말았습니

다. 하나님의 은혜로 전혀 다치지 않았습니다. 기적이었습니다! 티화나와 같은 곳에서는 아주 조심해야 합니다. 아주 위험한 곳입니다.

영적인 삶도 티화나에서 일하는 것과 유사합니다. 주의하지 않으면, 위험한 곳으로 곤두박질할 수가 있습니다. 어떤 위험 요소는 외부적인 것입니다. 그리고 어떤 것들은 내부적인 것입니다. 이 장에서는 당신이 하나님의 사람이 되고자 할 때 만나게 될 위험과 장애물을 이해하도록 돕고자 합니다. 단계 4는 매일 매일, 순간 순간, 그리스도와 동행하는 데 아주 중요합니다.

방해에 부딪힘

짐은 주일날 아침에 잠자리에서 일어나면서, 자기는 이제 변화된 삶을 살게 될 것이라고 생각했습니다. 무엇보다도, 은혜스럽고 축복이 넘치는 수양회를 마치고 막 돌아온 터였습니다. 전국적으로 유명한 강사진이 말씀을 전해 주었는데, 강사들은 아내와 자녀를 우선 순위에 두어야 할 필요성에 대해 마음에 깊이 와닿게 해주었습니다. 그는 다시 한번 그리스도께 헌신했으며, 자신의 새로운 결단을 실행에 옮길 준비가 되었습니다.

그러나 얼마 지나지 않아 그 모든 것은 허물어지기 시작했습니다. 교회에 갔다 오면 바로 차고(車庫) 청소를 좀 해달라고 아내인 메리가 불평조로 말했습니다. 수양회에 참석하느라 주말 내내 집에 신경을 못 썼으니 이제 집안 좀 돌아보는 의미에서 차고를 청소해 달라는 것이었습니다. 아내의 말을 들으면서 그의 결단은 위협받기 시작했습니다. 아내는 몇 달째 차고 청소에 대해 그를 들볶아 온 터라, 차고라는 말만 들어도 신경이 곤두섰습니다. 별안간, 수양회로 인해 아내에 대해 느꼈던 따뜻한 사랑의 감정이 사라지기 시작했습니다.

아내의 잔소리가 끝나기가 무섭게 문이 활짝 열리고 아이들이 떠들면서 방으로 달려들어 오더니 빵과 과자를 서로 자기가 먹겠다고 다투었습니다. 잠시 참다가 짐은 샤워를 하고, 가족들을 교회로 데려가기 위해 옷을 갈아입었습니다. 이상하게도 차가 시동이 걸리지 않았습니다. 설상가상, 아이들이 뒷좌석에서 말다툼을 하고 있는 와중에 아내는 자기가 이전에 그 차의 연례 점검을 받아야 한다고 했는데 왜 아직까지도 받지 않았느냐고 했습니다. 그러자 그는 속에서 뭔가가 끓어오르는 것을 느꼈습니다. 그는 자기도 모르는 사이에 아이들에게 고함을 질렀고, 아내에게는 차를 유지 보수하는 일에는 손도 꼼짝하지 않는다고 되받았습니다. 그리고 운전석에서 바깥으로 뛰쳐나와 문을 쾅 닫자 가족들은 깜짝 놀라 할 말을 잃었습니다.

제 정신이 들자, 짐은 실패감을 느꼈습니다. 그는 뭐가 잘못되긴 한 모양인데, 뭐가 잘못되었는지 알 수가 없었습니다. 약간의 차이가 있겠지만, 하나님의 사람이 되며 마음을 가다듬고 뭔가 제대로 해보려는 사람들에게 흔히 이와 비슷한 일들이 발생합니다. 느닷없이 우리의 좋은 의도는 산산조각이 나고, 우리 마음의 상태는 하나님을 기쁘시게 하지 못한다는 것을 깨닫습니다. 이러한 일이 있게 되면, 그리스도인의 삶에 관해 낙심하게 되지만, 이러한 내적 갈등은 정상적이고 예상되는 것입니다. 짐이 분노를 발한 것은 우리가 진정한 그리스도인이 되고자 할 때 부딪치는 주된 장애물 가운데 첫 번째가 무엇인지 보여 줍니다. 우리는 첫 번째 대적을 발견했습니다. 그것은 다름아닌 바로 우리 자신입니다!

육신의 방해

오랜 세월 동안 "선한 싸움"(디모데전서 6:12, 디모데후서 4:7)을 싸워

오면서 나는 "육신의 방해"와의 이 내적 싸움에서 이기는 법을 발전시켜 왔습니다. 이 방법은 몇 가지 단계로 되어 있는데, 당신이 그 싸움에서 이기도록 도움을 줄 것입니다. 첫 번째 단계는 그 싸움의 성격과 과정 등을 이해하는 것입니다. 당신의 내부 세계에는 당신에게 영향을 미치는 모종의 세력들이 있습니다. 이 사실을 이해하는 것은 매우 중요합니다. 또한 우리가 그 싸움에서 효과적으로 승리하려면, 우리가 살고 있는 세상의 실제 모습에 대해서도 알아 두어야 할 필요가 있습니다.

내적 욕구 구조

나는 짐이 수양회에서 돌아오자마자 경험했던 문제에 대해 종종 이야기하곤 합니다. 보통 다음과 같은 말로 시작합니다. "그리스도인의 삶에 대하여 좋은 소식과 나쁜 소식이 있습니다. 좋은 소식이란, 당신이 일단 마음의 문을 열고 그리스도를 구주와 주님으로 영접하면, 그리스도께서 당신 안에 들어와 계신다는 것입니다. 나쁜 소식이란, 당신 자아가 여전히 당신 안에 있다는 것입니다!" 하나님의 사람의 내부에는 이 두 실체가 같이 존재하고 있습니다.

성령의 내주로 말미암아 당신 안에 그리스도께서 계신다는 것은 좋은 소식입니다. 일단 영적으로 거듭났으면, 당신은 성경에서 말하는 새 성품을 지니고 있습니다. 당신은 그리스도 안에서 새로운 피조물이 되었습니다(고린도후서 5:17). 동시에 당신은 자신의 타락한 자아의 지배를 받는 삶을 살려는 경향도 동일하게 가지고 있습니다. 당신 속에 있는 이 부분을 신약성경은 "육신(肉身)"이라 부르고 있습니다. 비슷한 말로는 육(肉), 육체, 옛 성품, 죄된 성품, 기타 여러 가지가 있습니다.

당신 속에서는 이 둘 사이에 전투가 벌어지고 있습니다. 사도 바울

은 갈라디아서에서 이 싸움에 대해 언급했습니다. "육체의 소욕은 성령을 거스리고, 성령의 소욕은 육체를 거스리나니, 이 둘이 서로 대적함으로 너희의 원하는 것을 하지 못하게 하려 함이니라"(갈라디아서 5:17).

사도들과 기독교 역사상 위대한 하나님의 사람들뿐만 아니라, 바울 자신도 이 싸움을 싸웠습니다. 그러므로 용기를 내십시오. 당신에게는 훌륭한 동료들이 있는 셈입니다. 성공적인 영적 삶을 살았던 모든 사람들이 그런 싸움을 싸웠다는 점에서 당신의 동료들이라는 말입니다. 그들이 그 싸움에서 이겼다면 당신도 이길 수 있습니다. 많은 사람들에게 있는 문제는, 그 싸움을 이해하지 못하거나, 어떻게 그 싸움에서 이기는지 그 방법을 모르는 것입니다.

이 두 가지 실체를 기억하는 데 도움을 얻기 위해 다음과 같은 그림으로 표현해 보았습니다.

내적 욕구 구조

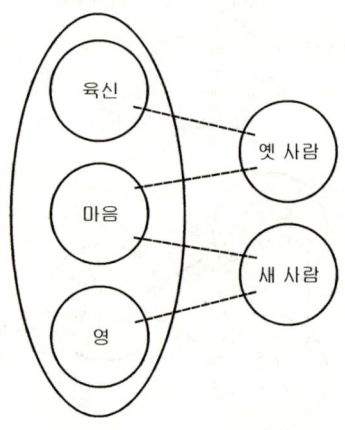

왼쪽에 있는 세 개의 원은 그리스도를 모신 사람의 속에서 역사하고 있는 세 가지의 근본적인 욕구 구조를 나타냅니다. 맨 위쪽의 원은 육신 또는 옛 성품이라고 불리는 부분입니다. 여기서 성품(nature)이란 성향 또는 경향을 뜻합니다. 이것은 그리스도의 사람이 되기 전의 우리의 심리, 생리, 그리고 정신적 경향으로 이루어진 내적인 상태입니다.

마음이 육신 또는 옛 성품이라는 이 내적 욕구와 연대하면 그 결과는 옛 사람입니다. 성경은 옛 사람의 영적 상태는 사망이라고 말합니다. 육신이 우리 삶을 통제하고 지배할 때는 하나님의 생명과 하나님과의 교제로부터 단절된다는 것을 의미합니다.

마음은 우리 삶의 통제 센터입니다. 마음을 사용함으로 우리는 어떻게 살 것인지를 선택합니다. 모든 행동은 우리 속의 이 부분으로부터 시작됩니다. 만약 당신이 종이 한 장으로 이 그림에서 오른쪽과 왼쪽의 각각 아래쪽에 있는 원을 덮게 되면, 당신이 그리스도를 영접하기 전의 삶을 나타내는 그림이 됩니다. 육신에 의해 움직이는 마음이 유일한 대안입니다. 그 결과는 무엇이었습니까? 당신은 육신으로 살았습니다.

육신으로 살 때

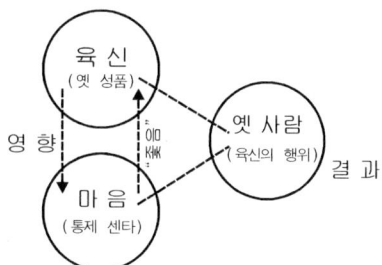

육신은 하나님의 영향으로부터 동떨어져서 발전되어 왔으므로, 그것은 매우 왜곡되어 있습니다. 갈라디아 교회에 보낸 서신에서 옛 사람과 새 사람의 갈등에 대해 설명하는 가운데, 바울은 육신이 우리 삶에서 무엇을 야기하는지를 생생하게 묘사했습니다.

> 육체의 일은 현저하니, 곧 음행과 더러운 것과 호색과, 우상 숭배와 술수와 원수를 맺는 것과 분쟁과 시기와 분냄과 당 짓는 것과 분리함과 이단과 투기와 술취함과 방탕함과 또 그와 같은 것들이라. (갈라디아서 5:19-21)

별로 아름답지 않은 것들이지요? 바울이 "내 속 곧 내 육신에 선한 것이 거하지 아니하는 줄을 아노니"(로마서 7:18)라고 한 것이 조금도 이상하지 않습니다. 만약 우리가 자신에 대해 정직하다면, 예수님을 떠난 우리 삶이 대부분 이럴 것으로 인정할 수밖에 없지 않겠습니까? 우리 지성은 거짓된 사고 패턴으로 프로그램되어 왔습니다. 우리 감정은 끊임없이 우리의 상처받고 일그러진 자아에 반응을 하고 있었습니다. 우리 삶은 자기 중심적인 의지에 의해 형성된 나쁜 습관들로 가득 차 있었습니다. 그리스도를 믿은 후에도 동일한 경향이 여전히 우리 삶에 남아 있습니다. 이러한 경향을 누르고, 육신이 아니라 성령으로 행하는 법을 배우는 것이 중요합니다.

맨 위쪽에 있는 육신을 극복하는 비결은, 언제 이 육신이 영향력을 행사하여 우리 삶에 압력을 가하는지를 아는 것입니다. 그리고 나서 육신의 압력을 확인했으면, 이를 대체할 대안을 찾아야 합니다. 육신을 극복하는 진정한 열쇠는 성령 즉 맨 아래쪽 원으로부터 영향을 받는 것입니다. 성령께서는 우리 안에 거하시기 위해 오셨기 때문에, 우리는 이제 선택을 할 수 있게 되었습니다. 아래쪽 두 원을 가리고 있던

종이를 치워 보십시오. 마음은 육신과 성령의 사이에 위치하고 있다는 점을 주목하십시오. 이제 마음은 육신에게 "아니오"라고 말하고 성령께 "예"라고 반응하기로 선택할 수 있습니다. 이것이 바울이 육신을 좇는 마음과 영을 좇는 마음에 대해 이야기할 때 의미하고자 한 바입니다. "육신을 좇는 자는 육신의 일을, 영을 좇는 자는 영의 일을 생각하나니"(로마서 8:5). 마음이 육신에게 "아니오"라고 말하고, 성령께 "예"라고 반응하기로 선택했을 때 다음과 같은 그림이 됩니다.

영으로 살 때

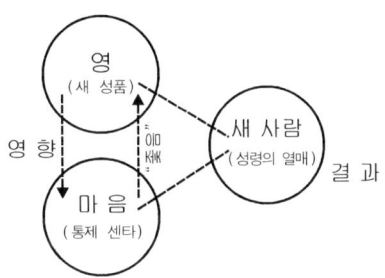

성령이 우리 삶에서 지배적인 영향력을 행사하도록 해드릴 때, 우리는 성경이 새 사람이라고 부르는 실체를 경험합니다. 성령이 과연 당신의 삶에서 지배적인 영향을 미치고 있는지를 알기 원한다면, 옛 성품과 새 성품의 결과들에 대해 보여 주는 갈라디아서 5장으로 돌아가십시오. 19절에서 22절까지의 흉칙한 그림에 이어, 바울은 성령을 통한 그리스도의 내주로 인해 당신의 삶이 얼마나 아름답게 변화될 수 있는지를 보여 줍니다. "오직 성령의 열매는 사랑과 희락과 화평과 오래 참음과 자비와 양선과 충성과 온유와 절제니…"(갈라디아서 5:22-23).

이 얼마나 대조가 되는 그림입니까! 먼저 "육체의 일"을 살펴보고

다음에 "성령의 열매"를 살펴보십시오. 우리는 끊임없이 이 둘 사이에서 선택할 수 있습니다. 어느 것이 당신 삶의 특징이 되기를 원합니까? 그런데 왜 그런 치열한 싸움이 벌어지고 있습니까? 이는 이 두 성품이 내적 갈등을 유발하기 때문입니다. 갈라디아서 5장에서 몇 구절 앞에 있는 내용을 통해 바울이 그것을 어떻게 묘사하고 있는지 다시 살펴보십시오.

> 내가 이르노니, 너희는 성령을 좇아 행하라. 그리하면 육체의 욕심을 이루지 아니하리라. 육체의 소욕은 성령을 거스리고, 성령의 소욕은 육체를 거스리나니, 이 둘이 서로 대적함으로 너희의 원하는 것을 하지 못하게 하려 함이니라. (갈라디아서 5:16-17)

다시 한번 좋은 소식과 나쁜 소식을 전합니다. 좋은 소식은, 그 갈등이 정상이라는 것입니다. 나쁜 소식도, 그 갈등이 정상이라는 것입니다. 나 자신의 경험과 사역을 통해 볼 때 이 말이 사실임을 알 수 있었습니다. 이 장의 처음으로 돌아가서 실제로 이 두 가지 세력이 어떻게 역사하고 있는지를 살펴보도록 합시다.

실패 과정을 다시 살펴봄

짐과 메리의 분노가 폭발하기 전 처음 시작 부분으로 돌아가 봅시다. 짐의 내적 욕구 구조를 살펴봅시다. 어떻습니까? 짐은 좋은 출발을 했습니다. 그는 수양회에서 주말의 첫 부분을 보냈습니다. 그는 자신의 삶을 다시 한번 그리스도께 드렸습니다. 그는 예수 그리스도께 자신의 삶을 다스려 달라고 기도했습니다. 그의 마음은 성령을 좇고 있었습니다. 그 결과, 성령께서 다스리게 되고, 짐은 더 훌륭한 남편과

아버지가 되기 위해 노력하기로 결심했습니다. 이러한 것은 긍정적인 영적 영향으로 말미암은 선하고 아름다운 결심들입니다.

이제 짐은 "산꼭대기"로부터 일상 생활이라는 골짜기로 내려왔습니다. 그런데 메리가 약간 짜증이 나 있었습니다. 메리는 짐이 수양회 참석차 멀리 떠나 있을 때, 아이들과 함께 힘든 주말을 보냈습니다. 메리도 그리스도인입니다. 짐처럼, 메리도 자신의 내적 욕구 구조를 이해하지 못합니다. 이해했다면, 짜증이 나기 시작했을 때 육신이 자신의 마음에 영향을 미치기 시작하고 있다는 것을 감지했을 것이요, 그 짜증에 대해 어떻게 해야 할지 선택할 수 있었을 것입니다. 그런데 실상은, 올바른 태도와 부드러운 음성이 아니라, 육신을 좇는 마음으로부터 불평이 튀어나오고 말았습니다.

예수님을 믿는 부부 사이의 갈등은 대부분 직접적으로 자아끼리 충돌한 결과입니다. 메리가 육신을 따라 짐을 대할 때, 짐 안에 있는 육신이 벌떡 일어났고, 주도권을 잡으려고 했습니다. 바로 이 시점에서, 짐이 자기 속에서 무슨 일이 일어나고 있는지를 의식했다면, 그는 자신이 어떤 선택을 해야 할지를 알았을 것입니다. 만약 그가 메리의 짜증에 짜증으로 대응한다면, 이는 육신을 좇는 것임을 알 것입니다. 한편, 그가 만약 자신의 내적인 반응이 짜증이요, 이러한 반응에는 뭔가 잘못이 있다는 것을 알았다면, 그는 다른 선택을 할 수 있었을 것입니다. 무엇이 짜증을 유발합니까? 성령의 열매는 오래 참음입니다. 짐은 어떻게 해야 메리에게 오래 참음으로 반응할 수 있었을까요? 그는 육신에 대해 "아니오"라고 말하고 즉시 그리스도께 자신의 반응을 다스려 달라고 요청했어야 했습니다. 그랬다면 그리스도께서 주시는 능력을 힘입어 오래 참기로 선택함으로써 성령을 좇을 수 있었을 것입니다. 자신의 내적 욕구 구조를 알고, 성령의 능력을 힘입는다면, 이 모든 것은 거의 무의식적으로 아주 짧은 순간에 일어날 수 있습니다. 시

간이 흐르고 성숙해 감에 따라, 성령의 긍정적인 반응은 육신의 부정적인 반응만큼이나 습관적으로 일어날 수 있습니다.

그러나 우리는 무엇을 봅니까? 짐은 어떤 일이 일어나고 있는지 알지 못합니다. 그는 내적으로 공격을 당했다고 느낍니다. 그는 실제로 내적으로 공격을 당했기 때문입니다. 이것은 흔히 있는 정상적인 일이나, 짐은 뭔가가 분명히 잘못 되었다고 생각하기 시작합니다. 그의 짜증은 커져 갑니다. 상황은 계속 더 나빠집니다. 그런데, 상황은 늘 그런 것 같습니다. 아이들이 그의 신경을 날카롭게 합니다. 차는 시동이 걸릴 생각도 하지 않습니다. 거기다 메리는 "제가 점검을 받으라고 말했다"고 함으로써 그 상황에 마무리 손질을 했습니다. 짐은 폭발했습니다. 그는 육신을 좇았고, 실패감을 느끼게 되었습니다.

반드시 일이 그런 식으로 진행되어야 하는 것은 아니었습니다. 따라서 만약 우리가 화를 돋구는 배우자와 고장 난 차에 대해 더욱 효과적으로 대처하고자 한다면, 우리 속에 있는 내적 욕구 간의 상호 관계를 알아야 하는 것입니다.

이러한 싸움이 우리 속에서 일어나고 있을 때, 이와 동시에 우리 눈에는 보이지 않는 차원에서 일단의 외적인 힘들이 역사하고 있었습니다.

세상의 구조

나는 콜로라도의 겨울 아침을 무척이나 좋아합니다. 이른 아침에 잠자리에서 일어나 기도 시간을 갖기 위해 아래층으로 내려가면서 간밤에 내린 새하얀 눈을 감상할 수 있습니다. 거실에서 특별한 기도 시간을 갖기 전에 주방에 들러 커피를 끓이기 시작합니다. 한 손에는 커피잔을 들고, 의자에 앉아 눈 덮인 로키 산맥의 앞자락에 있는 거실에서

창문을 통해 바깥을 내다봅니다. 이렇게 전망 좋은 곳에서 바라보는 세상은 참으로 아름답습니다.

이러한 특별한 아침에는 내가 아끼는 머그컵들 가운데 하나를 사용하여 커피를 마십니다. 그 컵에는 야생 동물들이 신사복을 입고 도시의 스카이라인을 향해 걸어가고 있는 그림이 있습니다. 그 컵의 가장자리에는, 커피를 마시면서 읽을 수 있는 곳에 "저기에 정글이 있다!"라는 글귀가 있습니다. 이 컵은 내가 아침 일찍 잠자리에서 일어나 한 시간이나 기도 시간을 갖는 이유를 상기시켜 줍니다. 정글이 있기 때문입니다! 사실상, 그곳은 싸움터입니다.

대지를 덮고 있는 새하얀 눈은 이 세상에는 존재하지 않는 어떤 것에 대한 내적 갈망을 더욱 부채질합니다. 아침의 아름다움과 상쾌함은 내가 아늑한 집을 떠나, 보이는 위험과 보이지 않는 위험으로 가득 찬 타락한 세상으로 나아감에 따라 사라지게 될 것입니다. 나의 세계관은 세상의 실제 모습을 이해하도록 해주며, 타락한 세상에서 하나님의 나라를 위해 효과적으로 살기 위해 영적으로 준비되도록 동기를 부여해 줍니다.

대학 시절 나의 철학 교수는 우리에게 세계관을 갖도록 도전하곤 했습니다. 당시 내게는 세계관이 없는 것이 분명했습니다. 그리스도인이 된 이후에 세계에 대한 내 머리 속의 그림 즉 세계관이 얼마나 중요한지 이해하기 시작했습니다. 각자의 세계관은 생활 방식에 많은 영향을 미칩니다. 몇 년 전 나는 삶에 영향을 미치는 외부적인 요소들을 보여 주는 간단한 그림을 생각해 내었습니다. 나는 그것을 **세상의 구조**라고 부릅니다.

단계 4 - 그리스도의 주재권을 인정함 75

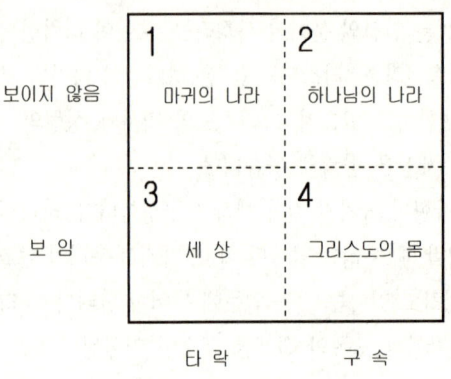

이것은 네 개의 사각형으로 이루어져 있는데, 이 사각형들은 우리가 살고 있는 세상의 구성 요소들을 나타냅니다. 이것이 우리가 살고 있는 세상의 진짜 모습입니다. 내가 "진짜"라는 말을 쓴 이유는 우리 문화에서는 눈으로 볼 수 있는 것만 진짜라고 믿기 때문입니다. 이보다 더 진리와 동떨어진 생각도 없습니다. 영적인 세계라는 보이지 않는 실체를 포함하지 않는 세계관이야말로 비현실적인 세계관입니다. 그러므로, 그림의 네 개의 사각형은 세상의 일부 – 즉, 창조된 우주의 물리적 실체 – 는 보이며, 일부는 보이지 않는다는 것을 보여 줍니다. 위쪽의 두 개는 영적 세계라는 보이지 않는 실체입니다. 아래쪽의 사각형들은 보이는 물리적 세계에 속합니다. 또한 세계는 타락과 구속(救贖) 여하에 따라 둘로 나누어지는데, 이로 인해 오른쪽에 있는 사각형들과 왼쪽에 있는 사각형들로 나누어집니다.

사각형 1은 보이지 않는, 타락한 마귀의 나라를 나타냅니다. 이 사각형의 존재는 마귀의 나라가 실제로 존재한다는 것을 상기시켜 줍니다. 우리는 날마다 이 사실을 상기할 필요가 있습니다. 사각형 2는 하

나님 나라의 모든 영적 실체들을 나타냅니다. 이 사각형이 구속(救贖)의 근원입니다. 모든 진정한 성경적 신앙은 이곳으로부터 나옵니다. 사각형 3의 "세상"은 인간의 문화와 사회라는, 보이며 타락한 세상을 나타냅니다. 사각형 4의 "그리스도의 몸"은 하나님의 나라의 모든 가시적 표현들을 포함하고 있으며, 그리스도의 역사와 성령의 사역을 통해 사각형 3의 세상을 공략해 왔습니다.

이 네 가지 사각형이 합쳐져 진짜 세상을 구성합니다. 하나님의 사람이 되고자 노력할 때, 우리는 날마다 이 네 가지가 우리가 살고 있는 진짜 세상을 구성하고 있다는 것을 염두에 두어야 합니다. 우리의 매일의 삶은 네 사각형과 모종의 관계를 맺으며 영위됩니다.

그리스도를 믿기 전

	1 마귀의 나라	2 하나님의 나라
보이지 않음		
	지배적인 영향 ↓	
보 임	3 세 상	4 그리스도의 몸
	타 락	구 속

예를 들면, 그리스도인이 되기 전 나의 삶은 사각형 3을 중심으로 하고 있었습니다. 나는 세상에 살고 있었고, 세상에 속해 있었습니다. 구속받지 못한 세상의 체계는 끊임없이 사각형 1로 표현되는 타락한 마귀의 나라의 영향을 받습니다. 사도 바울은 에베소의 그리스도인들에게 이렇게 말했습니다. "그때에 너희가 그 가운데서 행하여 이 세상

단계 4 - 그리스도의 주재권을 인정함 77

풍속을 좇고, 공중의 권세 잡은 자를 따랐으니, 곧 지금 불순종의 아들들 가운데서 역사하는 영이라"(에베소서 2:2).

다행스럽게도, 아니 은혜스럽게도, 그렇게 살아가다가 나는 어느 시점부터 사각형 2로 표현되는 하나님 나라의 영향을 받기 시작했습니다. 이미 그리스도인들이 된 친구들이 나를 위해 기도하고, 나를 보살펴 주고, 나에게 전도를 하기 시작함에 따라 성령께서는 내 삶 가운데서 역사하기 시작하셨습니다. 그 결과, 어느 날 나는 무릎을 꿇고 예수 그리스도를 내 삶 가운데로 영접했습니다. 즉시로, 내 삶의 중심은 사각형 3에서 사각형 4로 옮겨졌습니다. 바울은 골로새서에서 이러한 이동에 대해 언급했습니다. "그(하나님)가 우리를 (그리스도 안에서) 흑암의 권세에서 건져내사 그의 사랑의 아들의 나라로 옮기셨으니"(골로새서 1:13).

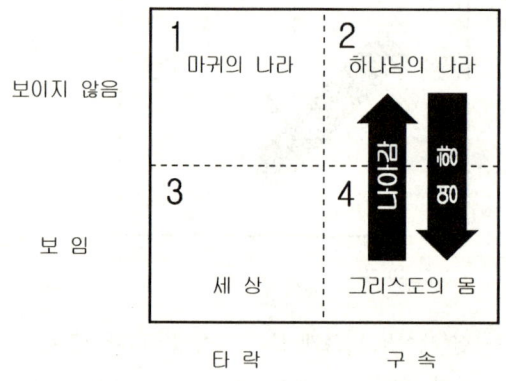

그리스도를 믿은 이후

이 이동이 이루어짐으로, 나는 삶에서 사각형 2의 하나님 나라의 지배적인 영향을 받을 수 있게 되었습니다. 나는 기도를 하며 말씀을 읽게 되었습니다. 이 두 가지 훈련은 하나님의 나라로 나아갈 수 있게

했으며, 사각형 4에서 효과적으로 살 수 있도록 성령의 능력을 힘입을 수 있게 했습니다.

그러면서 나의 세계관은 급격한 변화를 보이기 시작했습니다. 나는 보이지 않는 마귀의 나라로부터 오는 새로운 종류의 어려움에 직면하기 시작했습니다. 바울은 이러한 내적 저항에 대해 에베소서에서 설명했습니다. "우리의 씨름은 혈과 육에 대한 것이 아니요, 정사와 권세와… 하늘에 있는 악의 영들에게 대함이라"(에베소서 6:12). 나는 영적 전쟁의 실체를 이해하기 시작했습니다. 육신과 성령의 내적 싸움과 더불어 나는 영적 흑암의 세력과의 보이지 않는 외적인 싸움 가운데 있었습니다.

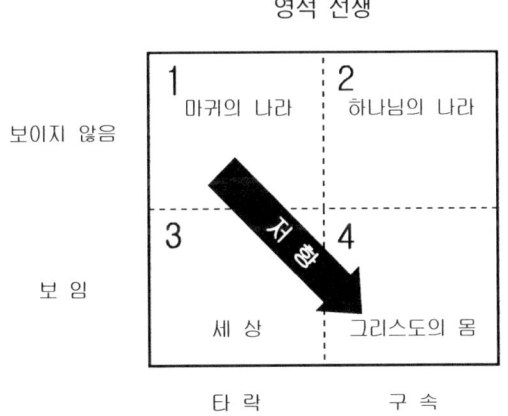

나는 또한 타락한 세상도 다르게 보기 시작했습니다. 때때로 나는 이전에 머물던 사각형 3의 특징적인 활동들 가운데 어떤 것들로 되돌아가고 싶었습니다. 세상의 실제 모습에 대한 새로운 이해가 이 유혹에 대항하는 데 도움이 되었습니다. 나는 사각형 3의 유혹하는 힘이 주로 사각형 1의 활동 결과라는 것을 깨달았습니다.

단계 4 - 그리스도의 주재권을 인정함 79

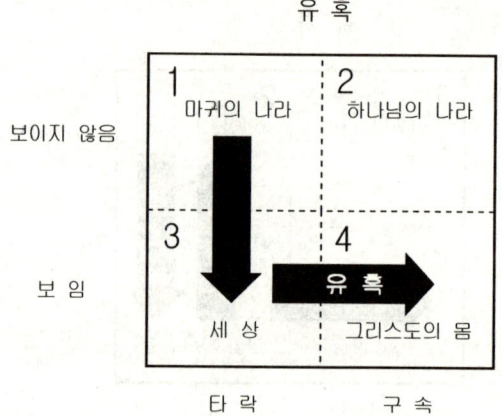

　　세상의 체계에 유혹되지 않을 때, 나는 그리스도를 위해 세상을 공략하고자 하는 열망을 갖기 시작했습니다. 이러한 열망이 생기게 된 것은 이 세상에서 하나님 나라의 일꾼이 되도록 하나님께서 내 삶에 미치시는 영향에 의한 것입니다. 종종 이러한 열망과 그것을 표현하고자 하는 시도는 놀라운 성공을 가져옵니다. 이러한 성공은 대개 내가 사각형 2의 자원을 이끌어 내는 데 얼마나 많은 시간을 들이느냐 하는 것과 관련이 있는 것 같습니다. 예를 들어, 그러한 시간에 아직도 그리스도가 누구신지 그리고 그분이 얼마나 자신을 사랑하는지를 모르는 친구들을 위해 기도하는 것입니다.
　　때때로 나의 노력은 완강한 저항을 받는 것 같습니다. 이 사실은 악한 마귀가 얼마나 세상을 철저하게 장악하고 있는지를 보여 줍니다. 때때로 내게 격려를 주는 유일한 진리는 진짜 싸움은 하늘에서 진행되고 있으며, 그 싸움의 최종 결과는 이미 예수님의 승리로 결정나 있다는 것이었습니다(골로새서 2:15).

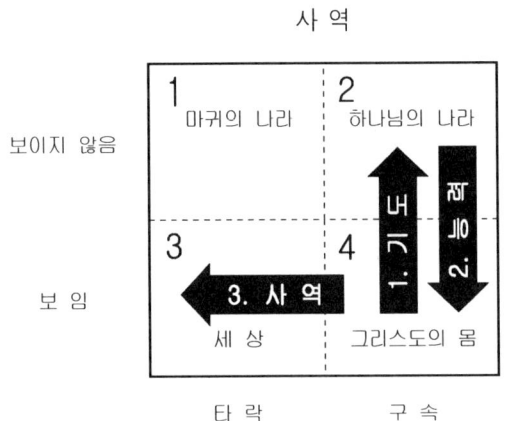

세상에서의 삶

세상을 구성하는 4개의 요소의 실체를 인정함으로써 나의 세계관은 형성되기 시작했습니다. 나는 마침내 세계관을 갖게 되었습니다. 매일 이 네 사각형이 끊임없이 우리 삶에 영향을 미치고 있습니다. 이것이 진짜 세상이며, 우리는 효과적으로 그것들에 대처하여 하나님 나라의 영향을 최대화하고 타락한 마귀의 영향을 최소화하는 방식으로 살아가는 방법을 배울 필요가 있습니다. 앞으로 되돌아가, 어떻게 세상의 네 요소간의 역학 관계가 짐과 메리의 내적 욕구와 상호 작용하여 실패감을 안겨 주는 분노를 폭발시켰는지 살펴보도록 합시다.

주님을 통해 짐은 사각형 4에 견고히 세워졌습니다. 수양회는 사각형 2의 능력을 많이 받을 수 있는 멋진 시간이었습니다. 큰 감명을 받았고, 영적인 변화를 받았습니다. 이러한 대단한 영적인 변화가 짐의 삶에 일어나자, 이는 사각형 1에서 보면 마치 대규모의 공격을 받는 것과 마찬가지였습니다. 마귀는 짐의 삶에서 영토를 빼앗기고 있었고,

이를 되찾기 위해서 반격을 시도할 필요가 있었습니다. 짐을 속속들이 알고 있는 마귀는 짐의 영적인 삶에서 아킬레스건은 화를 잘 내는 기질이라는 것을 감지했습니다. 마귀는 또한 그 주말이 메리에게는 힘든 시간이었다는 것을 알고 있었습니다. 그는 착수했습니다. 싸움 장소를 정했습니다. 전쟁이 일어났습니다. 사각형 1은 사각형 4에 맹렬한 공격을 퍼부었습니다.

일단 짐과 메리의 마음이 육신을 좇게 되면, 그들은 영적 사상자 명단에 올라갈 유력한 후보가 됩니다. 그리스도인으로서, 그 전쟁에서 이미 이겼지만, 전투는 여전히 진행되고 있습니다. 만약 마귀가 효과적으로 육신을 이용할 수 있고, 분노를 폭발시킬 수만 있다면, 짐은 낙심하게 될 것이요, 메리는 환멸을 느끼게 될 것입니다. 아마도 마귀는 메리의 마음속에 다음과 같은 생각을 다시 심어 줄 것입니다. "아무것도 효과가 없어. 이혼해야 할 것 같아. 남편은 결코 바뀌지 않을거야."

실상은 이것보다 훨씬 복잡합니다. 짐과 메리는 단과 제인 부부를 우연히 만나게 되었습니다. 단과 제인은 짐과 메리의 오랜 친구로서 그리스도인은 아닙니다. 짐과 메리는 그들을 위해 기도해 왔었습니다. 단과 제인은 사각형 3에서 살고 있습니다. 짐과 메리가 기도함에 따라, 사각형 2의 영향이 단과 제인의 삶에서 역사해 왔었습니다. 그들은 영적인 것들에 관심을 나타내기 시작하고 있었습니다. 오늘은 아주 중요한 만남이 될 것입니다. 단과 제인이 오늘 짐과 메리를 우연히 만났을 때 그들은 무엇을 보게 될까요? 그들은 그리스도께서 교회를 사랑하시듯이 서로를 끔찍이 사랑하는 부부를 보게 될까요? 아닙니다. 그들은 육신의 지배를 받아 심각한 갈등을 겪고 있는 부부를 보게 될 것입니다. 그것은 짐과 메리가 사각형 4에서의 삶을 통해 사각형 3에 침투하는 데 퇴보를 가져올 것입니다.

왕좌 점검

자 그러면 우리는 어떻게 하나님의 사람이 되며 그리스도의 주재권을 인정하는 삶을 살 수 있을까요? 그래서 나는 이 장에 나오는 모든 정보들을 종합하여, 우리로 하여금 곁길로 벗어나지 않도록 도와주며, 혹시 벗어나더라도 되돌아올 수 있도록 도와주는 간단한 도구를 만들었습니다. 나는 그것을 "왕좌 점검"이라고 부릅니다.

그리스도를 믿은 지 얼마 되지 않았을 때 나는 내 마음속에 있는 "왕좌"에 대해 배운 적이 있습니다. 이 왕좌는 내 삶의 궁극적인 통제권을 쥐고 있는 곳입니다. 그 왕좌는 예수 그리스도께서 차지하고 계시거나, 아니면 나의 자아가 차지하고 있습니다.

그리스도를 영접하기 전

그리스도를 내 마음에 영접하기 전까지는 그 왕좌는 언제나 나의 자아가 차지하고 있었습니다. 나는 육에 속한 사람 – 자연인(自然人) 또는 성령이 없는 사람 – 이었습니다(고린도전서 2:14). 이 구절에서 사용된 단어는 *psuchikos*입니다. 그것은 헬라어에서, 성령이 없는, 자연적이고 육체적인 생명을 나타내는 *psuche*라는 단어와 관련이 있습니다. 왕좌에 자아가 앉아 있을 때, 나는 육신으로 살았습니다. 그게

나의 유일한 선택이니 그럴 수밖에 없습니다.

예수 그리스도를 내 마음에 영접하였을 때 나는 왕좌를 포기하기로 결단을 내렸습니다. 나는 자아를 왕좌에서 물러나게 하고, 그리스도께서 주님으로서 왕좌에 앉으시게 해드렸습니다. 이 결단이 바로 성경에서 말하는 회개의 핵심입니다. 그 왕좌에는 결코 둘이 앉을 수는 없습니다. 그러므로, 자아를 퇴위시킬 때까지는 예수 그리스도께서 나의 삶에서 주님이 되실 수 없습니다. 예수 그리스도를 내 마음의 왕좌에 모실 때, 나는 바울이 말한바 신령한(영적인) 사람이 됩니다(고린도전서 2:15).

이 구절에서 바울은 *pnuematikos*라는 단어를 사용했습니다. 이 단어는 *pnuema*라는 단어와 관계가 있는데, 이는 헬라어로 영(靈)을 나타냅니다. 영적인 사람은 그리스도를 왕좌에 모시고 있으며, 성령의 지배적인 영향 아래 살고 있습니다. 이것이 우리의 목표입니다. 우리 속사람은 계속 다음 그림과 같아야 합니다.

왕좌에 계신 그리스도

불행히도, 세 번째 가능성이 있습니다. 우리는 자유를 가지고 있기 때문에, 우리의 허락이 없이는 그리스도께서 결코 우리를 다스리시지 않습니다. 그러므로, 우리는 그리스도를 왕좌에서 물러나시게 하고 다

시 한번 우리 자아가 왕좌를 차지하는 선택과 행동을 할 수 있습니다.

왕좌를 빼앗긴 그리스도

이러한 사람이 바울이 말한 바 "육신에 속한 자 곧 그리스도 안에서 어린아이들"입니다(고린도전서 3:1). 그는 육신적인 그리스도인이요 세상적인 그리스도인이라고 할 수 있습니다. 여기서 사용된 단어는 *sarkinos*입니다. 그것은 우리가 "육신"으로 번역하는 헬라어 *sarx*에서 나왔습니다. 그리스도께서는 우리 안에 여전히 계시나, 자아가 다스리고 있다는 점을 주목하십시오. 그 결과, 이러한 상태에 있는 사람은 다시 한번 육신에 속한 삶을 살게 됩니다.

누가 왕좌에 있는지 어떻게 압니까? 왕좌 점검을 해보십시오. 잠시 멈추고, 단순하게 어떤 순간에 누가 다스리고 있는지 생각해 보십시오. 명백한 불순종이나 범죄를 통해 자아가 결정권을 행사해 왔다면, 누가 왕좌에 있는지는 분명합니다. 혹은 영적 게으름으로 말미암아 자아가 서서히 왕좌를 차지해 왔을지도 모릅니다. 어느 경우든, 갈라디아서 5장에 나오는 목록이 도움이 됩니다. 그곳에 나오는 것 가운데 어떤 것이 당신 삶의 열매입니까? 육체의 일입니까? 아니면 성령의 열매입니까?

단계 4를 밟음

그러면, 어떻게 그리스도를 다시 왕좌에 모실 수 있습니까? 너무나 간단합니다. 먼저, 당신이 그리스도를 그 자리에 모시기 원해야 합니다. 그리스도께서는 우주 최고의 신사이십니다. 그래서 우리가 원하고 초청할 때에만 그 왕좌에 앉으십니다. 자아가 왕좌에 앉아 있다는 것을 깨닫고 나서, 그리스도를 다시 왕좌에 모시기 원하면, 다시 한번 자아를 왕좌에서 물러나게 하고 예수님을 왕좌로 모시기로 의지적으로 결심하기만 하면 됩니다. 그리고 나서, 주님께서 성령의 임재와 능력으로 다시 한번 우리 삶을 충만케 해주시기를 구하십시오.

이러한 영적인 훈련은 우리 삶에서 습관이 되도록 발전시켜야 할 필요가 있습니다. 처음에는 이러한 과정을 하루에도 수없이 반복해야 할 것입니다. 그리스도와의 관계에서 성장하고 성숙해 감에 따라 우리는 자연적으로(아니, 초자연적이라고 말해야겠지요?) 그분을 더 오랫동안 왕좌에 모시게 될 것입니다. 그리스도를 왕좌에 모시고 있는 것, 즉 그리스도의 주재권을 유지하는 것이 단계 4의 과제입니다. 단계 4를 밟기 위해 다음과 같이 기도하십시오.

> 주 예수님, 저는 기꺼이 제 삶의 왕좌를 포기하옵나이다. 예수님께서 제 삶의 주님으로서 저를 다스려 주시옵소서.

진심으로 이 기도를 했다면, 당신은 단계 4를 밟은 것입니다. 당신은 하나님의 사람으로서 앞으로 나아갈 수 있습니다. 당신은 죄의식과 자기 정죄가 특징이었던 영적 상태에 머무름으로 영적 마비 가운데 있을 필요가 없습니다. 근본적으로, 우리 삶의 왕좌를 다시 탈취하는 것은 죄입니다. 자아가 왕좌를 되찾고 나면 하나님과의 교제를 파

괴하는 행동을 하고 영적 오염을 낳습니다. 그러므로 효과적으로 그리스도인의 삶을 살기 위해서는, 죄를 범했을 때 그리스도의 용서와 정결케 하는 능력을 사용하는 법을 알아야 합니다. 단계 5는 매일 예수님의 속죄의 능력을 충분히 누리는 법을 가르쳐 줍니다. 자, 준비되었으면 다음 단계로 넘어갑시다.

점검 사항

개인적인 묵상

1. 당신은 최근 언제 짐과 같은 경험을 했습니까?
2. 당신의 새 성품(고린도후서 5:17)과 육신[육체](갈라디아서 5:17) 사이의 대립과 싸움에 대해 읽고 묵상해 보십시오.
3. 갈라디아서 5:19-21에서 "육체의 일"에 대해 읽고 묵상해 보십시오.
4. 사각형 1의 어떤 활동이 당신이 그리스도와 동행하는 것을 방해하고 있습니까?
5. 자신의 세계관에 대해 생각해 보십시오. 그것은 현실적입니까? 어떤 요소들이 당신의 세계관 형성에 기여해 왔습니까? 당신은 영적 세계의 보이지 않는 실체들을 진지하게 고려합니까?

그룹 토의

1. 각자가 실패를 경험했던 때에 대해 서로 이야기해 보십시오.
2. 세상의 구조에 대해 서로 토의해 보십시오.
3. 육체의 일들 가운데 어떤 것이 당신에게 가장 어려움을 줍니까?

5
단계 5
영적으로 깨끗케 함

> 만일 우리가 우리 죄를 자백하면 저는 미쁘시고 의로우사 우리 죄를 사하시며, 모든 불의에서 우리를 깨끗케 하실 것이요. (요한일서 1:9)

주 예수님, 저는 주님의 은혜와 용서를 끊임없이 필요로 합니다.
오늘도 제가 주님께 정직하도록 도와주소서. 저는 자백하고,
회개하며, 필요한 경우에는 보상을 하도록 하겠습니다.

1949년 11월 7일은 나의 개인사(個人史)에서 기념비적인 날입니다. 바로 그날 나는 이 지구상에 모습을 나타냈습니다. 이 사실은 나에 대해 중요한 정보를 제공합니다. 첫째, 당신은 내 나이를 쉽게 계산할 수 있습니다. 둘째, 당신은 내가 이른바 베이비 붐 세대라는 독특한 세대에 태어났다는 점을 주목할 것입니다. 셋째, 60년대에는 내가 고등학교와 대학에 다니고 있었다는 것을 알게 될 것입니다.

60년대에 나는 여러 가지 면에서 그 당시의 사람다웠습니다. 나는 비틀즈, 장발, 홀치기 염색을 한 티셔츠 등 그 시대의 특징적인 것들을 거의 다 좋아했습니다. 당신은 나를 히피 비슷했겠다고 생각할 것입니다. 베이비 붐 때 태어나 나이가 들어 가는 사람들은 대개 다른 사람들이 자신을 60년대에 히피였다고 생각하는 것을 좋아하겠지만, 그러나 그 당시에 살았던 우리는 수많은 유사 히피로부터 골수 히피를 구분하는 한 가지 특징이 있다는 것을 알고 있었습니다. 골수 히피들은

목욕하는 것을 좋아하지 않았습니다. 이 때문에 나는 결코 골수 히피가 되지 못했습니다.

나는 정결하고 깨끗한 것을 좋아합니다. 나는 샤워를 하고 나올 때의 상쾌함과 깨끗한 느낌을 좋아합니다. 이는 아마 내가 운동 선수였던 적이 있었기 때문일 것입니다. 연습 경기나 연습을 할 때 가장 신나는 때는 코치가 마침내 호각을 불고는 "모두 샤워장 앞으로!"라고 할 때입니다. 우리는 그 말을 기다렸습니다. 그 신나는 순간은 오랜 세월 동안 기억에 남아 있습니다. 육체적으로 깨끗케 했을 때의 상쾌함도 놀라운 것이긴 하지만, 영적으로 깨끗케 했을 때의 상쾌함에는 비할 바가 못 됩니다. 영적으로 깨끗케 하는 법을 배우는 것은 진정한 그리스도인의 삶을 위한 중요한 단계입니다.

당신이 처음으로 걸음마를 배울 때 어떠했는지를 기억하고 계십니까? 아마도 기억이 나지 않을테지요. 그러나 당신이 자녀를 기르는 즐거움을 맛보았다면, 애들이 처음으로 걷기 시작했을 때를 명확히 기억할 것입니다. 처음에는, 한 걸음을 내딛고… 넘어지고… 일어나고… 한 걸음을 내딛고… 넘어지고… 일어납니다. 얼마 후에는 좀 나아집니다. 한 걸음을 내딛고… 또 한 걸음을 내딛고… 또 한 걸음을 내딛고… 넘어지고… 일어나고… 한 걸음을 내딛고… 또 한 걸음을 내딛고… 또 한 걸음을 내딛고… 넘어집니다. 마침내, 우리 자녀들은 넘어지지 않고 걷게 되었습니다. 그들은 넘어졌고, 그래서 손으로 붙잡아 주는 것이 필요했지만, 성장해 감에 따라 달라졌습니다.

이것은 우리의 영적 성장에서도 사실입니다. 옷이나 살갗을 더럽히지 않고 걷는 법을 배운 사람은 없을 것입니다. 영적으로 "넘어질 때" 우리는 더러워집니다. 따라서 다시 일어나며 깨끗케 하는 법을 배울 필요가 있습니다.

같은 버스를 타고 있는 우리

나는 그리스도인이라는 것이 자랑스럽습니다. 그것은 결코 잃어버리지 않는 특권입니다. 이 특권에 대해 생각해 보십시오!

삶의 모든 경쟁 영역에서 우리는 성과나 성적을 토대로 평가를 받습니다. 당신이 운동 선수라면, 당신의 성적은 경기에 참가할 수 있는 기회를 좌우합니다. 성적이 허락하는 한 여러 단계를 거쳐 위로 올라갑니다. 지역 예선, 본선, 준준결, 준결…. 그러나 당신 능력으로 도달할 수 있는 최고의 한계점에 다다르게 되면, 다음 단계로 나아갈 기회를 얻지 못합니다. 4강이 당신이 도달할 수 있는 최고의 수준이면 결승에는 나갈 수 없다는 말입니다. 대부분의 사람들에게 있어서 그때가 아주 어렵습니다.

교육에서도 마찬가지입니다. 우리의 학업 성적이 좋으면 다음 수준의 학문적 성취를 위해 나아갈 수 있습니다. 많은 사람들에게 있어서, 학문적 성과는 장차 그들이 나아갈 수 있는 경력을 결정합니다. 실패는 한계를 가져옵니다.

직업에서도 그러합니다. 성과! 많은 직장인들이 성과라는 압력을 받으며 하루 하루를 살아갑니다. 그들은 성과가 떨어지면 일자리가 위태로워진다는 것을 알고 있습니다.

성과 지향 신드롬에는 문제가 딱 하나 있습니다. 즉, 우리는 모두 결국은 실패한다는 것입니다. 그래서 나는 그리스도인인 것이 기쁩니다. 그것은 나의 성과에 의하여 좌우되지 않는 유일한 것이기 때문입니다.

나의 실패와 예수 그리스도의 성과에 근거하여 나는 그리스도인이 되었습니다. 그리스도의 몸 된 교회의 회원이 되기 위한 유일한 조건이 실패입니다. 교회는 세상에서 유일하게 이러한 회원 자격을 요구

하는 조직체입니다. 교회는 실패자들의 모임입니다. 우리의 모토는 로마서 3:23입니다. "모든 사람이 죄를 범하였으매(과거 - 완료된 행동), 하나님의 영광에 이르지 못하더니(현재 - 진행 중인 행동)." 나는 이 구절을 "우리는 모두 같은 버스에 타고 있는 실패자들입니다"라고 풀어쓰기를 좋아합니다.

존은 새로이 예수님을 믿은 사람입니다. 그는 종교적이고 엄격한 가정에서 자랐는데, 그 가정에서 하나님은 우주에서 가장 높은 경찰관으로 비쳤습니다. 그의 가정과 교회에서는 죄의식이 삶의 양식이 되다시피했습니다. 존은 예수 그리스도가 이 모든 것과 어떤 관계가 있는지 도무지 알지 못했습니다. 존은 대학에 진학하여 집을 떠나자마자 교회에 발을 끊었습니다. 대학을 졸업할 무렵에는 자기가 하나님의 존재를 믿고 있는지조차 확신할 수 없었습니다. 로스쿨에 다니는 동안에는 어린 시절에 금기로 여겼던 여러 가지 행동에 전문가가 되다시피 했습니다.

개업한 지 10년 후 존은 살고 있는 도시에서 가장 뛰어나고 성공한 변호사가 되었습니다. 그는 교섭의 명수로서 이름을 날렸습니다.

두 번의 이혼도 그의 자신감을 꺾어 놓지는 못했습니다. 그런데 아들이 가출을 하면서 그를 세상에서 가장 형편없는 아버지라고 했을 때, 존은 마침내 허물어지기 시작했습니다.

그 무렵에 몇몇 친구들이 그를 성경공부 그룹에 초청하기 위해 계속 노력하고 있었습니다. 존은 거절했을 뿐 아니라, 때로는 그들의 초청에 공공연한 적대감을 나타내기도 했습니다. 하지만 친구들은 포기하지 않았습니다. 마침내 어느 화요일 아침, 존은 수백 명의 직장인 남성들이 교제와 성경공부를 위해 모임을 갖고 있는 교회의 교제실로 머뭇거리다 들어갔습니다. 그날 아침 성경공부는 로마서 3장에서 분명하게 보여 주는, 하나님의 은혜의 선물에 대한 것이었습니다. 그 아

침에 뭔가 변화가 일어났습니다. 하나님께서는 존의 마음을 움직이셨고, 그는 예수님을 구주와 주님으로 영접했습니다.

많은 사람들에게 그러하듯이, 존에게 있어서 그리스도를 따르는 것은 쉬운 일이 아니었습니다. 그는 이전의 생활 양식에서 비롯된 옛 습관들과 계속 씨름해야 했습니다. 과거 존은 폭음(暴飮)을 좋아했고 여자들을 따라다니기를 좋아했습니다. 법정에 있을 때가 아니면 그의 말씨는 거칠기 짝이 없었습니다. 그는 화를 잘 내는 경향이 있었는데, 이는 어릴 때 받았던 학대 때문입니다. 그래서 내적 "상처"에 무엇이 닿기만 하면 분노를 폭발시켰습니다.

존이 직면하고 있는 유혹은 컸으며, 그 씨름에서 늘 이기는 것도 아니었습니다. 실패를 할 때면, 심한 죄책감과 자신이 추하다는 느낌에 시달렸습니다. 너무나 자주 패배감을 느껴 그리스도인의 삶을 포기하고픈 생각까지 들었습니다. 그에게는 하나님의 은혜와 용서와 깨끗케 함을 경험하는 법을 배우는 것이 꼭 필요했습니다. 존은 넘어졌다가도 다시 일어나 그리스도인의 삶을 사는 법을 배울 필요가 있었습니다.

죄의 실체

존만 이러한 싸움을 하고 있는 것은 아닙니다. 그는 단지 우리 모두가 죄라고 부르는 적과 벌이고 있는 싸움의 좋은 예를 보여 주고 있을 뿐입니다. 우리는 모두 지속적으로 죄사함과 깨끗케 함을 경험할 필요가 있습니다. 그 이유를 알려면, 성경이 죄라고 부르는 것의 실체에 대해 좀더 이해하는 것이 도움이 될 것입니다.

죄란 태도, 행동, 혹은 의도에서 하나님의 명령을 어기는 것입니다. 신약성경에서는 이 개념을 전달하기 위해 세 개의 헬라어 단어가 사

용되고 있습니다. *hamartia*는 죄를 나타내는 가장 일반적인 단어입니다. 이 단어는 로마서 3:23에서 모든 사람이 죄를 범했다고 할 때 사용되었습니다. 이 단어는 "과녁에서 빗나가다"라는 의미를 가지고 있습니다. 과녁은 하나님의 성품과 속성입니다. 하나님의 완전한 거룩하심과 일치하지 않는 어떤 행동이나 태도나 의도도 죄입니다. 그것은 과녁을 맞추지 못하는 것입니다. 과녁에서 빗나가는 것입니다. 아마도 당신은 왜 죄가 그렇게 보편적인 문제인지를 이해하기 시작했을 것입니다. 누구든 언제나 하나님의 성품과 일치되는 성품을 지닐 수는 없기 때문입니다.

두 번째 단어는 *paraptoma*로서 죄과(罪過)를 의미합니다(로마서 5:20, 11:11). 이 단어는 발을 잘못 디뎌 경계선을 넘는 것과 같은 의미를 내포합니다. 세 번째 단어인 *parabasis*는 율법의 위반을 의미합니다(로마서 2:23, 갈라디아서 3:29). *paraptoma*와 *parabasis*의 차이는, *paraptoma*는 고의성이 없는 반면, *parabasis*는 고의성이 있다는 점입니다. 이러한 세 가지 유형 가운데 어느 하나라도 범하면, 그 결과 죄를 낳게 됩니다. 진정한 의미에서 죄란 우리가 하지 말아야 할 것을 했거나 해야 할 것을 하지 않은 삶의 결과입니다.

진정한 의미에서의 죄와 죄의식은 같은 것이 아닙니다. 우리는 아이스크림을 너무 많이 먹는 것과 같이 죄와 무관한 일에 대해서도 죄의식 또는 양심의 가책을 느낄 수 있습니다. 우리가 다루어야 할 것은 바로 진정한 의미의 죄입니다. 그것은 마땅히 해결되어야 할 내적, 외적, 그리고 우주적 실체입니다.

헛된 해결책들

어떻게 죄를 제(除)할 수 있습니까? 이 질문에 답하기에 앞서, 사람들

이 죄 문제를 해결하려고 시도하고 있는 헛된 해결책들을 살펴보도록 합시다. 기본적으로 세 가지가 있습니다.

부인(否認)

브래드는 남자 중의 남자라고 부를 만한 사람입니다. 그는 그 지역에서 가장 큰 건설회사의 현장 감독으로 일하고 있습니다. 그는 열심히 일했고, 여러 해 동안 놀기도 열심히 놀았습니다. 그러나 그런 생활 양식에 아무런 대가도 따르지 않았던 것은 아니었습니다. 비슷한 삶을 사는 많은 사람들처럼 그도 이혼을 당했습니다. 그는 난폭한 아버지였기 때문에 법원은 그가 자녀들을 방문하는 권리를 제한하여 자녀들을 만나기도 어려웠습니다. 이혼을 한 이래, 그리고 실제로는 이혼하기 훨씬 전부터, 브래드는 방탕한 삶을 살았습니다. 그는 술을 좋아했고, 과속으로 차를 몰았으며, 여자들 꽁무니를 따라다니기를 좋아했습니다. 브래드는 많은 죄를 범하였습니다.

얼른 보기에 브래드의 삶은 죄에는 대가가 따른다는 믿음과는 상반되는 것처럼 보일 수도 있습니다. 그의 생활 방식은 전혀 그에게 어려움을 주는 것 같지 않습니다. 그는 실제로 자신의 생활 방식에 대해 어떤 자부심을 느끼고 있는 것처럼 보입니다. 만약 당신이 그의 생활 방식에 대해 말하면, 그는 자신이 무슨 잘못을 행하고 있다는 것을 부인할 것입니다. 그의 죄는 어떻게 되었습니까? 그것은 부인되고 내면으로 억압됩니다. 이것은 오래 전부터 사람들이 써왔던 방법입니다. 그러나 겉으로 잘 지내는 것처럼 보인다고 해서 속으로도 그런 것은 아닙니다.

브래드는 실제로는 그렇게 잘 살아가고 있지 않았습니다. 흥청대며 먹고 마신 후 밤 늦게 돌아와 혼자 집에 있을 때는 좌절감을 느꼈으며 그것은 점점 더 커지고 있었습니다. 브래드는 더 쉽게 피곤해지고, 힘

이 점차 고갈되는 것을 느꼈습니다. 위가 자꾸 문제를 일으켜 의사를 찾아갔더니 위궤양이라는 진단이 나왔습니다. 아침에 거울에 비친 자신의 모습이 마음에 들지 않습니다. 죄를 부인하고 내면화하는 것은 억압이라고 불리는 전략입니다. 우리 대부분은 그 전략을 한두 번은 사용해 보았을 것입니다. 그것은 효과가 없습니다.

재교육(再敎育)

이 죄 문제를 다루기 위한 헛된 해결책 가운데 두 번째는 내가 "재교육"이라고 부르는 것입니다. 오늘날 세계에는 재교육이 많이 실시되고 있습니다. 이 접근법의 배후에 있는 생각은 대략 다음과 같이 진행됩니다. 당신이 무엇을 행했는데 죄의식을 느낀다면, 그것은 십중팔구 당신이 행하고 있는 것이 잘못이라고 교육을 받아 왔기 때문일 것이다. 그러므로, 당신이 죄의식을 느끼지 않으려면, 잘못이라고 교육을 받은 어떤 행동이 실제로는 올바른 것이라고 판단을 내려라. 검은 것을 희다고 하고, 흰 것을 검다고 하라.

이러한 방법은 권위의 문제를 야기합니다. 우리가 옳고 그름에 대해 배운 바가 성경에 있는 하나님의 말씀에 뿌리를 두고 있는데, 문화적이고 인간적인 상대적 기준을 사용하여 옳고 그름을 다시 정의하게 된다면, 심각한 모순에 봉착하게 될 것입니다. 우리는 진정한 죄의 문제를 다루는 데 실패할 뿐만 아니라, 실제로 엄청난 새로운 죄를 조장하게 될 것입니다.

잭은 기독교 가정에서 자라났습니다. 그의 부모님은 그에게 성적 부도덕은 죄라고 가르쳤습니다. 결혼 생활 초기에 그는 아내 몰래 바람을 피울 기회가 있었습니다. 그는 그릇된 선택을 했습니다. 자신과 하나님께 정직하기보다는, 그는 자신의 행동을 정당화하고, 자신이 전에 가졌던 믿음으로부터 점차 멀어져 갔습니다. 이혼을 한 후 잭은 성

적으로 더욱 부도덕한 삶을 살기 시작했습니다. 그러는 동안 그는 자신의 삶에는 전혀 잘못된 것이 없다고 확신하고 있었습니다. 그는 재교육이라는 기술을 사용하는 법을 배우고 있었습니다. 그러나 문제가 있었습니다. 그는 내적으로 죽어 가고 있었습니다. 그의 마음과 생각은 일치가 되지 않았습니다. 머리로는 옳다고 생각하는데도 마음 한 구석에는 그렇지 않다는 느낌이 떠나질 않았습니다. 그 방법은 효과가 없었습니다. 아무리 재교육을 해도 우주의 도덕적인 구조와 옳고 그름에 대한 절대적인 표준을 변화시킬 수는 없었습니다. 재교육은 효과가 없습니다.

자기 속죄(自己 贖罪)

죄 문제에 대한 마지막 해결책은 다양한 형태의 자기 속죄입니다. 죄의식으로 말미암은 박애주의적 활동으로부터 공허한 종교적인 활동에 이르기까지 어떤 형태의 자기 속죄도 죄의식을 없애지 못합니다. 의기 소침에 빠지는 것으로부터 다양한 습관성 행동에 이르기까지 여러 형태의 자기 징계는 때때로 자기 자신을 징계함으로 죄값을 치르려는 무의식적인 시도입니다.

이러한 접근법들은 두 가지의 공통적인 특성을 지니고 있습니다. 하나는 효과가 없다는 것이며, 다른 하나는 그것들은 당신을 파괴할 것이라는 것입니다. 죄와 죄의식은 파괴적입니다. 그것들은 해결책이 필요합니다.

죄사함이라는 선물

당신은 어떻게 죄 문제를 해결합니까? 이를 위해서는 죄에 대한 용서가 필요합니다. 우리가 과녁에서 빗나갈 때, 모르고 경계선을 넘을 때,

혹은 고의적으로 하나님의 명령을 어길 때, 우리가 마음을 상하게 해 드린 분 즉 하나님의 용서를 필요로 합니다. 죄는 하나님에 의해서만 용서될 수 있으며, 심지어 하나님께서도 죄를 용서하시기 위해 값을 치르셔야 했습니다.

성경, 즉 구약성경과 신약성경의 중심 주제는 용서입니다. 하나님 께서는 그분의 자녀들을 용서하시기를 간절히 원하시며, 죄로 말미암 아 더럽혀진 그들을 깨끗케 해주기를 원하십니다. 율법의 제사 제도 로부터 선지자들을 통한 메시지에 이르기까지, 구약성경은 죄사함과 깨끗케 함을 위한 미래의 방법에 대한 약속으로 가득 차 있습니다. 이 약속은 예수 그리스도 안에서 성취되었습니다.

죄 문제를 해결하기 위한 단 하나의 올바른 토대는 하나님께서 선 물로 주시는 죄사함입니다. 죄사함은 언제나 예수 그리스도의 대속 (代贖) 사역에 근거하고 있으며, 이 대속 사역은 약 2천 년 전에 예루 살렘 성 밖에서 우리를 위해 그리스도께서 십자가에 달리심으로 성취 되었습니다. 복음의 메시지는 간단 명료합니다. "그리스도께서 우리 죄를 위하여 죽으셨다"(고린도전서 15:3). 예수님의 죽음이 어떻게 죄 문제를 해결했습니까? 골로새 성도들에게 보낸 바울의 서신에서 생 생하게 묘사하고 있습니다.

골로새서 2장에서, 바울은 다음과 같이 선언했습니다.

> 또 너희의 범죄와 육체의 무할례로 죽었던 너희를 하나님이 그 와 함께 살리시고, 우리에게 모든 죄를 사하시고, 우리를 거스리 고 우리를 대적하는 의문에 쓴 증서를 도말하시고 제하여 버리 사 십자가에 못박으시고. (골로새서 2:13-14)

이 본문은 풍부한 문화적, 영적 의미를 담고 있습니다. 로마법에서는, 사람이 법을 어겨 법정에서 유죄로 드러나면, 그의 범죄 내용을 자세하게 기록합니다. 고대 세계에서는 종종 감옥이 시장터 가까운 곳에 위치해 있었습니다. 그래서 범죄 기록을 감방 바깥에 붙여 놓아 지나가는 사람들은 누구나 그 죄수를 볼 수 있을 뿐만 아니라, 그가 왜 복역하고 있는지 그 죄상을 즉시로 알 수 있게 되어 있었습니다. 이것은 범죄를 예방하는 데 효과적이었습니다.

예수님 당시에는 중죄를 범한 경우 십자가에 못박는 것이 사형을 집행하는 수단이었습니다. 십자가에 못박을 때는, 십자가에 그 죄수의 죄목을 적은 죄패(罪牌) 즉 *epigraphon*이 부착되었습니다. 십자가형은 또한 심각한 죄를 범했을 때의 끔찍한 대가를 모든 시민들이 눈으로 볼 수 있도록 사람들이 많이 다니는 큰 거리에서 집행되었습니다. 예수님의 재판 과정과 십자가에 못박히시는 과정을 기록한 사복음서 모두에서 빌라도가 죄패를 만들어 십자가에 부착시킨 것을 알 수 있습니다. 거기에는 "유대인의 왕"이라고 기록되어 있었습니다(마태복음 27:37, 마가복음 15:26, 누가복음 23:38, 요한복음 19:19). 마가와 누가는 이것을 묘사하기 위해 *epigraphon*이라는 단어를 사용했습니다. 요한은 더 나아가, 그것은 지나가는 모든 사람들이 왜 예수님께서 십자가에 달렸는지를 명확히 이해할 수 있도록 히브리어와 로마어와 헬라어 이렇게 세 가지 말로 기록되어 있었다고 했습니다.

종교 지도자들은 빌라도의 행동에 화가 났습니다. 그들은 그 죄패에 "자칭 유대인의 왕"이라고 쓰기를 요청했습니다. 대역죄나 신성모독죄를 범한 것으로 하기 위함이었습니다. 빌라도는 거부했습니다. 사실상, 빌라도는 예수님이 죄없이 사형에 처해지고 있다는 것을 확실히 하고 있었습니다. 내가 또 다른 장면을 설명할 동안 이 장면을 잠시 기억하고 계십시오.

골로새서에서 바울은 우리를 대적하는 "의문(儀文)에 쓴 증서"에 대해 이야기합니다. "우리를 거스리고 우리를 대적하는 의문에 쓴 증서를 도말하시고 제하여 버리사 십자가에 못박으시고"(2:14). 바울은 여기서 헬라어 *cheirographon*을 사용합니다. 이 단어는 *epigraphon*과 아주 비슷하나, 재판 용어라기보다는 상업 용어입니다. 그것은 때때로 "채무 증서"로 번역되기도 합니다. 바울 당시에는, 당신이 만약 어떤 사람에게 돈을 빚졌으면, *cheirographon*이라 불리는 법적인 증서가 빚의 내용을 상술하기 위해 만들어졌습니다. 거기에는 빚을 진 것이 무엇인지, 그 빚을 갚기 위해 필요한 것이 무엇인지가 열거되어 있습니다. 바울은 우리 죄의 결과를 설명하기 위해 이러한 개념을 활용했습니다. 우리 각자는 하나님께 빚졌다는 영적인 채무 증서를 만들어 왔습니다. 하나님의 명령을 위반한 당신의 모든 행동, 태도, 그리고 의도를 나열한 문서입니다. 이것은 과거와 현재와 미래의 죄와 허물과 과실(過失)을 포함하는 종합적인 문서일 것입니다. 이 영적 문서에는 우리의 모든 죄가 항목별로 적혀 있을 것입니다. 대부분의 사람들에게 있어서 그것은 결코 조그만 종이 조각이 아닐 것입니다!

로마 세계에서는, 빚을 완전히 갚았을 때에는 채무 증서에 도장을 찍는데, 거기에는 헬라어로 *tetelesthai*라는 단어가 새겨져 있었습니다. 번역하면 "완전히 지불되었다"라는 뜻입니다. 이 두 가지 그림을 합치면 우리는 그리스도께서 십자가 위에서 우리를 위해 이룩하신 것에 대한 아름다운 그림을 얻게 됩니다.

수난의 금요일, 예수 그리스도께서는 예루살렘 성 밖에서 십자가에 달리셨습니다. 이 사건은 유월절이라는 유대 명절 동안에 일어났습니다. 순례자들이 예루살렘을 오고 갈 때 그들은 십자가형이 집행되는 그 끔찍한 장소를 지나갔습니다. 이러한 잔인한 형벌을 받을 만한 무슨 악랄한 죄를 범했는지 알고 싶어 그들은 죄수의 죄목을 기록한 죄

패를 읽어 보려고 십자가 꼭대기를 올려다보곤 했을 것입니다. 많은 사람들이 "유대인의 왕"이라는 글을 읽고는 어리둥절했을 것입니다. 인간적인 관점에서는 이것이 예수님께서 십자가에 못박힌 이유였습니다. 그것이 예수님에 대한 죄패의 내용이었습니다.

그러나, 하나님의 관점에서는 그 금요일에 다른 일이 일어나고 있었습니다. 하나님의 관점에서는, 그 십자가에 못박힌 것은 우리의 채무 증서였습니다. 그리스도의 죄패는 실제로는 우리의 채무 증서였습니다. 이것이 하나님의 아들이 십자가에 달리신 이유였습니다! 엄청난 중요성을 띤 이 우주적 사건이 일어나고 있을 때 정오부터 오후 3시까지 어둠이 지면에 깔렸습니다. 마침내, 예수님께서는 십자가에서 "나의 하나님, 나의 하나님, 어찌하여 나를 버리셨나이까?"(마태복음 27:46)라고 부르짖으셨습니다. 우주의 가장 큰 신비 가운데 하나인 이 사건을 통해 예수 그리스도께서는 영원 전부터 한 번도 경험해 보지 못한 것을 경험하셨습니다. 하나님 아버지로부터의 실제적인 분리를 경험하신 것입니다. 고뇌에 찬 예수님의 부르짖음에 이어 승리의 외침이 있었습니다. 이 장면을 마태복음에서는 "예수께서 다시 크게 소리 지르시고 영혼이 떠나시다"(마태복음 27:50)라고 기록하고 있습니다.

그런데 요한복음에서는 예수님께서 크게 소리를 지르시면서 무슨 말씀을 하셨는지를 말해 줍니다. 예수님께서는 "다 이루었다!"(요한복음 19:30)라고 말씀하셨습니다. 헬라어로 보면, 예수님께서는 그때 한 단어를 외치셨다고 되어 있습니다. 그것이 무엇인지 짐작할 수 있겠습니까? 바로 *tetelesthai*라는 단어였습니다. *tetelesthai*는 십자가 상에서의 승리의 외침이었습니다. "완전히 지불되었다!" 이것이 예수 그리스도께서 하신 일입니다. 그리스도의 죽음으로 인해, 당신이 그리스도의 대속의 죽음을 믿음으로 받아들일 때 당신의 채무 증서에는

*tetelesthai*라는 도장이 아름답게 찍히게 됩니다. 당신과 내가 예수 그리스도를 영접할 때, 우리의 빚이 기록된 증서는 말소됩니다. 우리의 빚은 완전히 지불되었습니다. 우리는 용서를 받습니다.

그리스도께서 십자가 위에서 완성하신 일로 말미암아 우리는 죄를 용서받으며 모든 죄를 제할 수 있게 되었습니다. 이것이 죄와 죄의식에 대한 유일하고 합당하고 충분한 해결책입니다.

죄사함을 경험하려면

죄사함의 필요성을 이해했고, 어떻게 예수 그리스도를 통해 죄사함이 가능해졌는지를 이해했으면, 이제 남아 있는 질문은 "어떻게 하면 내가 그것을 경험할 수 있을까?" 하는 것입니다. 그 대답은 두 가지 요소로 이루어집니다. 바로 죄사함에 대한 최초의 경험과 매일의 경험입니다.

죄사함에 대한 최초의 경험은 우리가 개인적으로 예수님을 주님과 구주로 영접할 때 하게 됩니다. 당신이 그리스도인이 되는 즉시, 성경적인 의미에서 당신은 죄사함을 받았습니다. 당신은 과거, 현재, 그리고 미래의 죄에 대해 용서를 받았습니다. 당신의 죄는 그리스도와 함께 십자가에 못박혔습니다. 이 놀라운 죄사함은 순전히 하나님의 은혜의 선물입니다. 죄는 제하여졌습니다. 이것은 그리스도의 깨끗케 하는 능력을 경험해 가면서 살아가는 삶의 출발점입니다.

보통 이 최초의 경험에 이어 매일의 경험이 필요하다는 사실을 곧 깨닫게 됩니다. 죄사함의 경험은 어떤 것이든 언제나 그리스도께서 이루신 사역에 근거하고 있습니다. 이제 우리는 그리스도께서 이루신 사역으로 말미암아 우리에게 주어진 죄사함의 축복을 매일의 삶에서 경험하며 누리는 법을 배워야 합니다. 이 일에는 세 가지 간단한 단계

가 필요합니다.

단계 1: 자백

첫 번째 단계는 자백입니다. 성경은 "만일 우리가 우리 죄를 자백하면, 저는 미쁘시고 의로우사 우리 죄를 사하시며, 모든 불의에서 우리를 깨끗케 하실 것이요"(요한일서 1:9)라고 말합니다. 자백은 하나님께 정직해지는 행동입니다. 요한일서에서 "자백"이라고 번역된 단어는 헬라어 *homologeo*입니다. 그것은 문자적으로 "동일한 것을 말하다"라는 의미입니다. 자백은 우리가 죄를 지었다는 것을 드러내는 성령의 사역에 대한 응답입니다. 성령께서 깨닫게 하실 때, 우리는 실제로 과녁에서 빗나갔다는 것에 대해 하나님께 정직한 태도로 동의해야 합니다.

그리스도의 십자가로 말미암아 우리의 모든 죄가 이미 다 용서되었다면 왜 자백이 필요하느냐는 질문을 종종 받곤 합니다. 자백은 하나님을 위한 것이 아닙니다. 하나님께서는 우리가 죄를 범했다는 것을 잘 알고 계십니다. 그분은 또한 그리스도 안에서 이미 우리를 용서해 주셨습니다. 자백은 우리를 위한 것입니다. 그것은 우리로 자신이 행한 것을 변명하거나 정당화하거나 합리화하지 않고 똑바로 직면하게 해줍니다.

자백은 우리가 매일 하나님과 단둘이 갖는 시간의 일부가 되어야 합니다. 나는 매일 시간을 내어, 내가 정직해지며 하나님의 용서를 경험할 필요가 있는 영역들을 보여 주시도록 기도합니다. 나는 "주님, 저는 끊임없이 주님의 은혜와 용서가 필요합니다"라고 기도합니다.

단계 2: 돌이킴

하나님께 정직해지면, 우리는 죄를 범할 때 하나님으로부터 돌아섰

다는 것을 인정하지 않을 수 없을 것입니다. 회개란 하나님께로 되돌아서는 행위입니다. 대개 회개로 번역되는 헬라어는 *metanoia*입니다. 이것은 "마음을 바꾸다"라는 뜻의 동사에서 나왔습니다. 이러한 변화는 죄로부터 하나님께로 돌아서는 의지의 행위를 필요로 합니다.

만약 하나님의 사람이 되고자 한다면, 돌이키는 삶을 살아야 합니다. 정로(正路)에서 벗어났다는 것을 깨닫자마자 우리의 코스를 바꾸어야 합니다. 영적인 삶에 관한 고전 가운데 하나는 러시아의 어느 수도사가 쓴 **순례자의 길**이라는 책입니다. 이 책에서, 그는 "주 예수 그리스도여, 죄인인 나를 불쌍히 여기소서"라는 짧고 단순한 기도를 사용하는 것에 대해 이야기합니다. 이 기도는 바리새인과 세리의 예화 중에 나오는 세리의 기도를 본 딴 것입니다. 세리는 "하나님이여, 불쌍히 여기옵소서. 나는 죄인이로소이다"(누가복음 18:13)라고 기도했습니다. 그리스도와 동행하기를 원하는 사람들은 이 짧은 기도(혹은 이와 비슷한 기도)를 반복적으로 드렸을 것입니다. 그것은 회개의 기도입니다.

단계 3: 누림

하나님께 정직해지며, 회개의 태도로 그분께로 돌이킨 후, 이제 나는 예수 그리스도의 깨끗케 하시는 용서를 내 것으로 누릴 준비가 되었습니다. 이 단계에서, 나는 예수 그리스도께서 십자가에서 나의 이 특정한 죄를 위해 대가를 지불하셨다는 것을 인정합니다. 마음속으로 그리고 입술로 나는 "주님, 주님께서 제 삶 가운데 있는 이 죄를 위해 죽으신 것을 감사드립니다"라고 말합니다.

이 단계는 나의 모든 죄가 이미 십자가에서 용서되었다는 것을 나에게 상기시켜 줍니다. 이 사실에 대한 보다 적절한 반응은 다음과 같은 기도가 될 것입니다. "주 예수 그리스도여, 죄인인 나를 불쌍히 여

기심을 감사하옵나이다!"

이 단계에서 우리는 자신을 그리스도께 개방하고, 그분이 죄로 말미암은 더러움으로부터 우리를 깨끗케 하시도록 해드려야 할 필요가 있습니다. 다윗처럼 우리는 "나의 죄악을 말갛게 씻기시며, 나의 죄를 깨끗이 제하소서"(시편 51:2)라고 기도합니다.

만약 우리가 죄를 범했다는 것을 의식할 때마다 이 세 단계를 밟는다면, 이는 마치 영적인 샤워를 하는 것과 같을 것입니다. 샤워를 했을 때 우리 몸이 상쾌하듯이, 이러한 단계들을 밟을 때 우리의 영혼은 정결케 되며 상쾌함을 맛보게 될 것입니다.

죄사함을 넘어

십대였을 때, 나는 이 죄사함을 구하는 게 생활화되어 있는 것 같은 친구들을 부러워했습니다. 그들은 자백이라는 훈련의 가치를 믿고 있었습니다. 그들은 토요일마다 교회에 가서는 그들의 영적 지도자와 함께 자백의 과정을 밟곤 했습니다. 그리고 나서, 용서를 받았다는 선언을 듣고 나서는 나머지 일주일을 제멋대로 살고는 다음 토요일에 다시 교회로 가서는 모든 과정을 다시 시작하곤 했습니다. 당시에 나는 이러한 것이 세상적인 삶과 영적인 삶을 다 잘 사는 좋은 방법이라고 생각했습니다. 하지만 분명 그것은 잘못된 생각이었습니다!

만약 진정으로 회개와 깨끗케 함을 경험해 왔다면, 우리는 실패를 통해서도 그리스도와의 관계에서 성장하며 삶의 변화를 추구하는 것을 목표로 할 것입니다. 또한 우리 죄로 인해 다른 누구에게 해를 끼치지는 않았는지, 그리고 하나님의 용서에 응답하여 그에게 적절한 배상을 할 필요가 있지는 않은지 따져 보기도 할 것입니다.

나는 하나님의 용서에 대해 사람들 앞에서 간증을 하면서도 피해자

에게 변상이나 보상은 해주지 않음으로 인해 예수님의 이름에 먹칠을 하는 경우를 보아 왔습니다. 나는 다음과 같은 간증을 들을 때 의아심을 갖습니다. "저는 그리스도를 만나기 전에는 엄청나게 부자였습니다. 그러나 하나님께서는 제가 그분께로 돌아오기 위해서는 겸손해질 필요가 있다는 것을 아셨습니다. 그래서 제가 재정적인 실패와 파산을 경험하도록 하셨습니다. 저는 이제 하나님의 용서를 받게 되어 너무나 기쁩니다. 제 삶은 새로운 의미를 지니게 되었습니다." 이 간증이 멋있기는 하지만, 그 배후에는 심각하게 손상된 관계가 있을 수 있습니다. 파산하는 과정에 이전의 동업자가 막대한 금액의 손실을 입었다면 어떻게 됩니까? 그는 그 이야기를 듣고는 "좋은 이야기지! 그 사람은 용서를 받고 나는 수십 만 달러를 손해봤지!"라고 생각할 것입니다. 진정한 죄사함을 받았다면 가능하면 우리 죄의 결과로 잘못되었던 것을 바로잡아야 합니다.

죄사함을 받는 데 그치지 않고, 우리는 기꺼이 삶을 매일 하나님께 개방하며, 그분께 기쁨을 드리지 못하는 영역을 다루시게 해드려야 합니다. 매일 자백이 필요합니다. 이것은 우리가 온전하고 정직하게 그리스도와 동행하고자 할 때 필수적입니다. 그리스도와 함께 걷는 길은 지속적인 회개와 변화가 이어지는 길입니다. 나의 경험을 통해 볼 때, 그리스도 안에서 성장하는 데는 내가 얼마나 "죄를 향하는지"를 지속적으로 깨닫는 과정이 수반되었습니다. 자기 의(義)로 이끄는 어떤 형태의 신앙도 문제가 있습니다. 참된 신앙은 항상 사도 바울처럼 자신이 "죄인의 괴수"(디모데전서 1:15)라는 의식을 갖게 합니다.

이러한 삶을 살고자 하면, 그리스도와 역동적인 교제 가운데 머무르게 도와주는 훈련들을 매일의 삶에서 행할 필요가 있습니다. 이러한 훈련들이 그리스도와의 관계에서 성장하도록 도와주는 단계 6의 핵심입니다.

점검 사항

개인적인 묵상
1. 당신이 줄곧 "과녁에서 빗나간" 영역이 있습니까?
2. 죄를 해결하기 위해 당신은 어떤 전략을 사용해 왔습니까?
3. 당신의 삶에서 *tetelesthai*가 갖는 의미를 묵상해 보십시오.

그룹 토의
1. 사람들이 자기의 죄 문제를 해결하기 위해 사용하고 있는 "헛된" 해결책들로는 어떤 것이 있습니까?
2. 각각의 해결책들의 잘못된 점을 토의해 보십시오.
3. 그들이 진정으로 죄 문제를 해결하도록 어떻게 도울 수 있겠습니까?

6

단계 6
그리스도 안에서 자라 감

갓난아이들같이 순전하고 신령한 젖을 사모하라. 이는 이로 말미암아
너희로 구원에 이르도록 자라게 하려 함이라. (베드로전서 2:2)

주님, 저는 기도, 성경공부, 그리고 그리스도인들과의 교제를
통해 주님과의 관계를 발전시키기 위해 노력하겠습니다. 저는
날마다 하나님의 뜻을 알고 행하기 위해 힘쓰겠습니다.
도와주옵소서.

경주를 하기에는 도저히 불가능해 보였습니다. 8km를 달리는 이 경주는 '멜빈 스쿨 하우스 경주'라고 불렀는데, 출발점과 결승점이 덴버 외곽에 있는, 유서 깊은 멜빈 스쿨 하우스이기 때문입니다. 그날 아침 5시에 보우는 침대에서 일어나 창밖을 내다보고 깜짝 놀랐습니다. 밤새 눈이 와서 한 뼘 정도나 쌓여 있었던 것입니다. 설마 이런 날 경주를 강행하지는 않겠지 하고 생각하고 있는데, 전화가 와서 수화기를 들어 보니 반갑지 않은 소식이 들려 왔습니다. 경주가 예정대로 진행된다는 것이었습니다.

학교에 도착하자 그는 눈을 헤치며 달리기 위해 모인 많은 사람들을 보고 놀라움을 금할 수 없었습니다. 출발을 알리는 총소리와 함께 사람들은 눈 위를 달려나가기 시작했습니다. 처음에는 포장된 도로 위를 달리게 되어, 날씨는 형편없어도 비교적 정상 속도를 유지할 수 있었습니다. 그러나 갑자기 코스는 시골의 논밭 가운데로 접어들었습

니다. 다음 5km는 달리기 파트너인 나와 함께 눈을 헤치며 달렸는데, 철조망으로 된 울타리를 넘어야 했으며, 개울을 조심스럽게 건너고, 그리고 수많은 장애물을 극복해야 했습니다. 주최측에서 이런 코스를 정한 것이 이해가 되지 않았습니다.

트윈 들 가운데로 달리면서 보우는 내게로 고개를 돌려 "주최측은 제정신이 아니야"라고 했습니다. 나는 울타리와 개울 사이를 달리고 있는 보우를 바라보았는데, 정말이지 보우는 넌더리를 내고 있었습니다. 기분 전환을 위해 나는 명랑하게 "만약 선두 주자가 길을 잘못 들어서는 바람에 그 뒤를 따르던 사람들 모두가 이 험한 코스를 달리게 되었다면 놀라운 일도 아니겠지?"라고 했습니다.

천신만고 끝에 8km를 다 달리고, 몇 가지 에피소드를 남긴 후에 보우는 시상식이 거행되는 멜빈 스쿨 하우스에 다시 도착했습니다. 대회 주최자는 만면에 웃음을 머금고 자리에서 일어나더니 완전히 기진맥진한 경주자들을 둘러보았습니다. 그리고는 이렇게 말했습니다. "여러분들이 그 험난한 코스를 달리게 된 점 진심으로 송구스럽게 생각합니다. 선두 주자가 잘못된 코스로 접어드는 바람에 그렇게 되었습니다. 여러분은 원래 포장 도로로만 달리게 되어 있었습니다." 나는 보우를 쳐다보며 "언젠가 이것은 아주 멋있는 예화가 될거야"라고 했습니다.

당신이 누구를 따르느냐에 따라 당신의 삶의 코스가 결정됩니다. 인도자가 잘못된 길로 들어서면, 당신은 큰 어려움들을 겪게 될 것입니다. 당신이 그리스도를 알게 되었고, 이 책에서 소개하고 있는 단계들을 밟기 시작했을 때, 당신은 새로운 인도자를 따르기 시작한 것입니다. 그 인도자는 바로 예수 그리스도이십니다. 그분은 결코 당신을 엉뚱한 길로 인도하지 않으십니다. 단계 6은 그리스도를 따르기 위한 개인적인 전략을 개발하도록 돕기 위한 것입니다.

하나님의 뜻

대학 3학년 때 처음으로 빌은 자신을 사랑하시는 인격적인 하나님이 계신다는 복음을 들었습니다. 그 메시지 가운데 특히 마음이 끌렸던 것은 하나님께서 그의 삶을 위한 계획을 가지고 계신다는 말씀이었습니다. 대학의 많은 젊은이들과 마찬가지로, 빌에게 있어서도 장래는 온갖 불확실성으로 가득 차 있었습니다. 그는 경제학을 전공하고 있었는데, 장차 어떤 방향으로 나아가야 할지 도무지 알 수가 없었습니다. 그의 장래 계획은 흔들리고 있었습니다. 그의 삶은 혼돈되어 있었습니다. 그런 상황에서, 살아 계신 하나님이 그 자신의 삶을 위한 목적을 가지고 계신다는 생각은 아주 매력적이었습니다.

빌은 자기 삶을 그리스도께 의탁했고, 하나님의 사람이 되는 모험을 시작했습니다. 여기에는 어떻게 그의 삶을 위한 하나님의 뜻을 발견할 것인가를 배우는 것도 포함되어 있었습니다. 빌은 얼마 있지 않아 하나님의 뜻을 발견하는 것과 연관하여 자신의 기대가 좀 잘못된 것임을 알게 되었습니다. 처음에 그는, 하나님께서는 자신의 향후 20년을 위한 계획을 명확하게 세워 두셨을 것이며, 그 계획을 실행하기 위해 그가 지금 무엇을 해야 할지를 분명하고 정확하게 알게 해주실 것이라고 생각했습니다. 그러나 전혀 그것과는 달랐습니다.

빌은 하나님의 계획을 매일의 구체적인 활동으로만 생각하고, 그러한 매일의 활동이 언제나 우리의 영적 성장의 맥락 가운데 일어난다는 것은 알지 못했습니다. 영적으로 성장해 가면서, 빌은 자신의 삶을 위한 하나님의 뜻은 예수 그리스도와의 관계에서 성장해 감에 따라 매일매일 조금씩 펼쳐진다는 것을 깨닫기 시작했습니다. 그는 하나님의 인도와 관련하여 일련의 영적 원리가 있다는 것을 알게 되었습니다. 이 원리의 핵심은 주님과의 관계입니다.

주님과의 관계

하나님께서는 빌의 삶을 위한 계획뿐 아니라 당신의 삶을 위한 계획도 가지고 계십니다. 그 계획에 있어서의 최우선적인 원리는, 하나님께서는 당신이 무엇을 하느냐보다는 당신이 어떤 사람이냐에 더 관심이 있다는 사실입니다. 당신의 삶을 위한 하나님의 근본적인 뜻은 로마서에 나와 있습니다. 하나님께서는 우리로 그 아들 예수 그리스도의 형상을 본받게 하기 위하여 미리 정하셨습니다(로마서 8:29). 당신의 삶을 위한 하나님의 계획은 모두 이 근본 목표에 기여할 것입니다.

그리스도와 동행하는 삶을 살고자 하는 열망을 가지고 있다고 해서 항상 원하는 대로 되는 것은 아닙니다. 때로는 만사형통하고 열매가 풍성할 수도 있고, 때로는 믿을 수 없을 정도로 좌절감과 실망을 안겨 줄 수도 있습니다. 하나님의 사람으로 살고자 하는 우리의 열망은 좋은 의도로 말미암은 것입니다. 대부분의 사람들은 좋은 의도를 가지고 있습니다. 결혼 생활을 파탄에 이르게 하고자 하는 의도를 가지고 결혼하는 사람을 본 적이 없습니다. 자녀들을 소홀히 하거나 학대하고자 하는 의도를 가지고 자녀를 낳는 사람을 만난 적도 없습니다. 지난 세월 동안 만났던 대부분의 사람은 건전하고 서로 유익을 주는 우정에 대한 열망을 표현하곤 했습니다. 그럼에도… 결혼 생활은 파탄에 이르고, 가정은 엉망이 되며, 우정은 깨어지고, 그리고 세계의 절실한 필요들은 손도 못쓴 채 그대로 있습니다.

반면에, 나는 활기 있는 결혼 생활, 화목한 가정, 그리고 깊은 우정을 누리는 사람들을 알고 있습니다. 또한 자신의 시간과 재능과 자원을 하나님과 다른 사람들을 위해 아낌없이 드림으로 세상의 다른 사람들과 큰 차이를 나타내는 사람들을 알고 있습니다. 두 그룹의 사람들 모두 좋은 의도를 가지고 있습니다. 이 두 그룹 사이의 차이는 어디

에 있을까요? 그 차이는 주로 예수 그리스도와 활기 넘치는 관계를 유지하며 살고 있는가의 여부에 있다고 봅니다. 주님과의 활기 넘치는 관계에서 나오는 원동력이 없이는, 우리의 삶은 무력하고 혼돈되기 쉬우며, 설령 우리의 의도가 선할 때에도 그렇습니다. 내가 말하고 있는 바를 오해하지 마십시오. "종교"는 이런 차이를 만들어 내지 못합니다. 오직 살아 있는 "관계"만이 만들어 냅니다.

종교인가 관계인가

종교적인 사람들은 세상에서 가장 비참한 사람들이라고 할 수 있습니다. 종교적인 사람들은 흔히 분노하고, 원망하며, 비판적이고, 자기의(義)가 강하며, 거짓으로 경건하고, 따분한 삶을 삽니다. 종교적인 사람들은 "해야 하는 것들"과 규칙과 규정으로 가득 찬 삶을 삽니다. 종교적인 사람들은 자신들의 노이로제와 어리석음을 감추기 위해 종교 체제를 이용할 수도 있습니다. 종교적인 사람들이 예수 그리스도를 십자가에 못박았습니다. 이러한 이야기를 함에 있어서, "종교적"이라는 말의 의미를 분명히 할 필요가 있겠습니다.

종교란 인간편에서 인간적 노력으로 하나님께 도달하며 하나님의 은총을 사려는 시도입니다. 그런 의미에서 볼 때 진정한 성경적 기독교는 종교가 아닙니다. 그것은 근본적으로 하나의 관계 즉 하나님과의 관계입니다. 그것은 그리스도께서 십자가에서 이루신 일을 통해 하나님께서 이미 우리를 위해 성취하신 것에 근거를 두고 있습니다. 성경적인 기독교 신앙과 다른 종교를 구분하는 주된 요소는 은혜의 원리입니다. 그리스도인이라 자처하는 사람들 가운데도 종교적인 사람들이 있습니다.

은혜란 자격이 없는 자에게 값없이 베푸는 호의입니다. 하나님의 은혜로 우리는 하나님과의 관계를 선물로 값없이 받았습니다. "너희

가 그 은혜를 인하여 믿음으로 말미암아 구원을 얻었나니, 이것이 너희에게서 난 것이 아니요 하나님의 선물이라. 행위에서 난 것이 아니니, 이는 누구든지 자랑치 못하게 함이니라"(에베소서 2:8-9). 은혜를 바르게 이해하면 관계에 이르게 됩니다. 은혜를 모르면, 신앙 생활은 종교로 전락하고 맙니다.

예수 그리스도께서는 사람들이 하나님과 올바른 관계를 맺을 수 있도록 하기 위해 오셨습니다. 그때 어떤 사람들이 예수님께 가장 저항을 나타냈습니까? 바리새인이라 불리는 종교적 분파였습니다. 그들은 일반적으로 자기의(自己義)라는 독특한 형태의 자기 기만으로 인해 어려움을 겪고 있었습니다. 그들의 신앙은 인간의 행위에 토대를 두고 있었습니다. 자기들에게는 은혜가 필요 없는 것으로 생각했기에 그들은 은혜를 배격했습니다.

반면, 창기, 세리, 그리고 사회에서 소외된 사람들은 은혜에 대해 수용적이었습니다. 그들은 만약 하나님과의 관계가 인간의 선한 행위에 근거한다면 자신들에게는 아무 희망이 없다는 것을 알고 있었습니다. 은혜가 주어질 때 그들은 그 기회를 놓치지 않았으며, 그리스도와 관계를 맺게 되었습니다.

애석하게도 오늘날 기독교 신앙으로 통하는 것 가운데 많은 것이 바리새인의 율법주의와 흡사합니다. 토요일마다 방영되는 유명한 프로그램의 등장 인물 중에 교회에 다니는 여성이 있는데, 율법적인 인물로 그려지고 있습니다. 이런 등장 인물이 공연히 생겼겠습니까? 아마도 그 프로그램의 대본을 쓴 작가가 바리새인과 같은 그리스도인을 만난 적이 있기 때문일 것입니다.

예수 그리스도와 활기 넘치는 관계 가운데 있을 때, 앞에서 말한 그 TV 등장 인물과는 판이한 삶을 살게 됩니다. 예수 그리스도께서는 매력적이며 마음 설레게 하시는 분입니다. 그분은 인류 역사상 가장

매력적이고 사람을 끄는 인격의 소유자이셨습니다. 지금도 마찬가지입니다. 그분이 당신과 나와 관계를 맺기 원하신다는 것을 생각하면 가슴이 벅찰 것입니다.

우리는 많은 관계를 맺고 살아갑니다. 누구와 관계를 맺고 있는가는 우리 인생의 행로에 여러 모로 영향을 미칩니다. 우리는 함께 시간을 많이 보내는 사람들을 닮아 가는 경향이 있습니다. 우리의 생각, 감정, 시야, 그리고 행동 등 모든 것은 우리가 의미 있는 중요한 관계를 맺고 있는 사람들의 영향을 받습니다. 몇 년 전에 나는 이 원리에 대한 재미있는 실례를 접한 적이 있습니다.

우리 교회의 남자 교인들 몇 명이 오토바이 여행을 계획하고 예수님을 믿지 않는 친구들을 이 여행에 초청했습니다. 이 여행을 계획한 목적은, 중년의 위기를 맞이하고 있는 사람들과의 친교를 통해 그들을 주님께로 인도하기 위한 것이었습니다. 여행 코스는 위스콘신 주의 밀워키로 비행기로 날아가서 거기서 오토바이를 타고 블랙힐즈[역자 주: 미국 사우스다코다 주와 와이오밍 주에 걸쳐 있는 산악군(群)]와 옐로우스톤 국립 공원을 거쳐 덴버로 돌아오는 것이었습니다.

우리 일행은 화이트칼라 전문인들과 회사 중역들로 구성되어 있었습니다. 대표적인 직업으로는 변호사, 치과 의사, 목사, 택지 개발업자 및 심리학자 등이었습니다. 보통 이들은 양복에 넥타이를 맨 정장 차림으로 다닙니다. 가장 격식을 차리지 않은 복장이라야 골프를 칠 때의 카키 슬랙스와 폴로 셔츠 정도입니다. 두 주간에 걸친 이 여행 기간 동안 나는 놀랄 만한 변화가 일어나는 것을 보았습니다.

덴버에서 밀워키로 떠나기 전날 밤 우리는 부부 동반으로 모여 출정 파티를 열었습니다. 초대장에는 오토바이 여행에 적당한 복장을 하고 오라고 되어 있었습니다. 나는 그 점잖은 사람들이 어떤 복장을 하고 나타날지 상당히 궁금했습니다. 나의 예상을 완전히 뒤엎었습니

다. 닳아빠진 청바지와 검은 티셔츠, 그리고 검은 가죽 상의를 입은 남녀들이 차량에서 쏟아져 나와 어떤 집으로 몰려들어가는 것을 보고 이웃 사람들은 틀림없이 의아해했을 것입니다. 단 한 사람만이 다른 복장으로 나타났습니다. 바로 나였습니다.

여행에 참여하는 대부분의 사람들은 밀워키에서 새로운 오토바이를 타기로 되어 있었고, 나를 포함한 다섯 명은 각기 자기 오토바이를 탈 계획이어서 트럭으로 그곳으로 보냈습니다. 나는 그 파티에 어떤 복장을 하고 갈까 생각하다가 기왕이면 내 오토바이와 어울리는 복장이 좋겠다는 생각이 들었습니다. 나는 검은색 가죽 상의를 입은 무리들 쪽으로 야회복인 턱시도 자켓, 턱시도 셔츠, 허리 장식띠, 그리고 검은 넥타이를 하고 걸어 들어갔습니다. 나의 복장은 커다란 개가 그려져 있는 반바지와 폴로 슬리퍼로 인해 특히 두드러졌습니다.

처음에는 재미로 시작했던 것이 그 자체로 현실이 되었습니다. 다음 한 주간 반 동안 나는 사람들이 상당한 변화 과정을 거치는 것을 보았습니다. 나는 몇몇 사람들과 함께 고속도로를 따라 약 시속 90km의 속도로 가고 있었는데, 갑자기 당신이 지금까지 본 적이 없었을 정도로 거칠게 보이는 사람들이 우리를 고속으로 추월하는데, 마치 우리는 가만히 서 있는 것처럼 느껴질 정도였습니다. 그들은 수염을 깎지도 않았고, 헬멧을 쓰지도 않았으며, 연도에 서 있는 사람들에게 공포를 불러일으킬 정도로 쏜살같이 달려나가고 있었습니다. 나는 깜짝 놀랐습니다. 그들이 우리 일행이었기 때문입니다! 그들은 진짜 오토바이 폭주족이 되어 가고 있었습니다! "오토바이 타는 사람들"과의 관계가 "오토바이 타는 사람들"의 행동을 결정하고 있었습니다.

이와 같이 관계는 우리의 삶을 결정합니다. 누구와 관계를 맺고 사느냐에 따라 우리의 행동과 삶이 결정되는 것입니다. 그렇기 때문에 당신과 나는 예수 그리스도와 긴밀히 동행해야 합니다. 그리스도와

우리의 관계는 우리 삶의 진로를 결정할 것이며, 하나님의 사람이 되는 데 필요한 능력을 공급해 줄 것입니다. 단계 7은 그리스도와의 관계를 강화시키는 훈련을 위한 우리 쪽에서의 헌신을 요구합니다. 이러한 훈련들은 그리스도와 동행하도록 도와주며, 그분을 알게 해주고, 어떻게 그분을 따르는지를 알도록 도와줍니다.

그리스도와의 관계를 발전시킴

어떻게 당신은 그리스도와의 관계를 발전시킵니까? 이 질문은 다음과 같은 중요한 가정(假定)을 토대로 하고 있습니다. 즉, 인생의 행로를 가다가 어느 시점에 당신은 예수 그리스도를 당신의 삶 가운데로 모셔들이도록 도전을 받았고, 예수 그리스도를 구주와 주님으로서 모셔들이기로 결단했다는 것을 가정한 것입니다. 이러한 결단이 없었다면 영적 삶을 발전시키고자 하는 모든 시도는 헛되고 좌절감만 안겨 줄 것입니다.

단계 3에서 이러한 초기의 변화를 다음과 같은 그림으로 나타냈습니다.

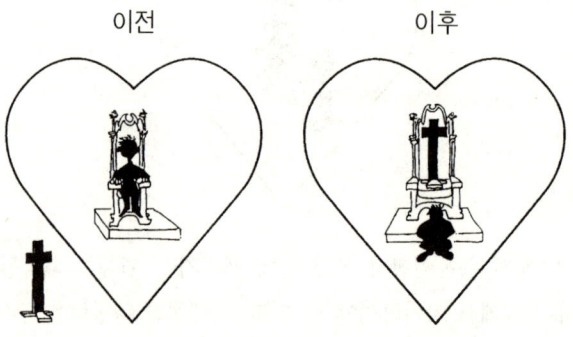

예수님을 우리 마음속에 모시고 있다는 것은 무엇을 의미합니까? 마음이란 우리 존재의 중심을 상징하기도 합니다. 하루의 매순간, 우리가 하는 모든 결정, 우리가 취하는 모든 행동에서, 누군가가 우리 존재의 중심에 있는 왕좌에 앉아 있습니다. 그 왕좌는 그리스도 또는 자아가 차지하고 있습니다. 왼쪽의 그림은 단계 2의 결단을 내리기 전의 삶을 나타냅니다. 자아가 마음을 다스립니다. 그리스도는 마음 밖에 계십니다. 오른쪽 그림은 그리스도를 영접한 사람을 나타냅니다. 진정한 회심이란 자아를 왕좌에서 물러나게 하고(이것이 회개하라는 성경의 명령의 핵심입니다), 그리스도께서 주재권 혹은 통제권을 행사하는 이 자리를 차지하시도록 초청하는 것입니다.

그리스도와의 관계를 증진시키려면 우리 자신을 그리스도께서 다스리시도록 해드리기 위해 늘 깨어 있어야 합니다. 단계 4에서 보듯이, 우리가 하나님의 뜻에 반하여 우리 자신의 뜻을 고집할 때, 앞의 오른쪽 그림은 다음과 같은 상태로 바뀌게 됩니다.

왕좌를 빼앗긴 그리스도

그리스도께서는 여전히 우리 안에 계시지만, 관계는 왜곡됩니다. 자아가 성령께서 차지하셔야 할 자리, 지배적인 영향력을 행사하는 자리를 차지하고 있습니다. 활기 넘치고 건강한 영적 삶을 발전시키

고자 하면, 자아를 왕좌에서 물러나게 하고, 그리스도를 왕좌에 모시는 데 도움이 되는 몇 가지 중요한 영적 훈련을 하는 것이 필요합니다.

기본적인 영적 훈련

하나님께서는 우리를 사랑하시기 때문에, 그리스도와의 관계를 윤택하게 하는 많은 자원들을 준비해 주셨습니다. 이러한 자원들은 기본적인 영적 훈련을 통해 우리 것이 됩니다. 하나님께서 원하시는 사람이 되는 데 필요한 능력을 공급받기 위해 훈련해야 할 네 가지 영역이 있습니다. 이 네 가지 영역과 이에 해당하는 훈련들은 그리스도와 관계를 발전시키는 데 도움이 됩니다.

말씀

모든 관계에 있어서 의사 소통은 아주 중요한 요소입니다. 하나님과의 관계를 발전시키고자 한다면, 우리는 하나님과의 의사 소통을 발전시킬 필요가 있습니다. 하나님께서는 말씀하셨습니다. 하나님께서는 선지자들, 사도들, 그리고 아들을 통해 말씀하셨는데, 이 모든 메시지들이 이 세상에서 가장 독특한 책에 우리를 위해 기록되었습니다. 그것이 성경입니다. 세상에 있는 그 어떤 책도 성경과 같지 않습니다. 성경은 살아 움직이는 책입니다(히브리서 4:12). 이 책을 통하여 하나님께서는 계속적으로 우리에게 말씀하십니다. 성경은 하나님의 말씀입니다. 성경은 그리스도와 우리의 관계에서 중심적인 역할을 하는 능력 있는 도구입니다.

활기 있고, 열매 맺고, 효과적인 영적 삶을 살기 위해서는, 반드시 성경 말씀을 섭취하는 시간을 꾸준히 확보해야 합니다. 많은 사람들에게 있어서, 아침에 성경을 읽고 묵상하는 시간을 떼어놓는 것은 그

리스도와의 관계를 깊게 하는 데 측량할 수 없을 정도의 가치를 지니고 있다는 것이 입증되었습니다.

주님과의 관계가 성숙해 감에 따라, 우리는 말씀에 주의할 때 주님께서 우리와 의사 소통을 하시는 것을 느끼게 될 것입니다. 그리스도인의 삶에서 성장하기를 힘쓸 때, 성경은 우리의 지침서이며, 의미 깊은 청사진을 담고 있습니다.

처음 예수님을 믿게 되었을 때, 나는 성경을 읽거나 공부하는 것에 대해 회의적이었습니다. 나는 그리스도인이 되기 전에 몇 차례에 걸쳐 흠정역 성경(King James Version)을 맨처음부터 읽어 보려 한 적이 있었습니다. 그때마다 나는 몇 장 읽지 않아서 족보 이야기에 지루함을 느꼈습니다. 그 책은 재미있지도 내 삶과 무슨 관계가 있는 것 같지도 않았습니다. 예수님을 영접한 후 나는 성경에 관하여 두 가지 아주 유익한 조언을 들었습니다.

첫째, 나는 현대어로 번역된 성경을 사도록 권면을 받았습니다. 만약 흠정역이 고어체로 보인다면, 이는 실제로 그것이 고어체이기 때문에 당연한 일입니다. 나는 오랫동안 성경을 읽어 온 많은 사람들에게는 흠정역의 고어체의 말들이 무게 있게 들리는 그 무엇이 있다는 것을 알고 있습니다. 많은 사람들이 모르고 있는 것은, 이것은 단지 성경 원문으로부터 흠정역으로 번역될 당시 사람들의 일반적인 영어였다는 사실입니다. 만약 당신이 그리스도와의 여정을 막 시작했다면, 현대어로 번역된 성경이 큰 도움이 된다는 것을 알게 될 것입니다. 가까운 기독교 서점에 가서 문의해 보면 읽기 쉽고 이해하기 쉬운 성경을 고르는 데 도움을 얻을 수 있습니다.

두 번째의 조언은 신약성경부터 시작하라는 것입니다. 오해하지 마십시오. 언젠가는 당신도 구약성경이 흥미진진하고 유익하다는 것을 알게 될 것입니다. 좋은 출발을 위해서는, 사복음서 가운데 하나를 읽

는 것으로 시작하십시오. 복음서들은 예수님의 삶과 가르침에 대한 기록입니다. 마가복음이나 요한복음으로 시작하여 다른 복음서로 넘어 가도록 하십시오. 하루에 한 장씩 읽는 것으로 시작하십시오. 이러한 간단한 훈련이 당신의 영적 삶의 수준을 획기적으로 향상시킨다는 것을 깨닫게 될 것입니다.

읽을 때, 성령께서 당신의 영적인 눈과 영적인 귀를 열어 하나님께서 당신에게 말씀하시는 바를 보고 들을 수 있게 해달라고 기도하십시오(시편 119:18). 때때로 하나님의 메시지는 본문 말씀을 통해 명확히 전달되어 옵니다. 예를 들면, 당신이 아내와의 관계에서 갈등을 겪고 있을 때 에베소서 5:25을 읽게 되었다고 칩시다. "남편들아, 아내 사랑하기를 그리스도께서 교회를 사랑하시고 위하여 자신을 주심같이 하라." 메시지는 분명합니다. 그리스도를 따르는 사람으로서, 당신은 그리스도께서 교회를 사랑하시듯 아내를 사랑할 필요가 있습니다. 이제 당신은 이 메시지를 오늘 어떻게 행동으로 옮길 것인지를 결정해야 합니다.

어떤 때는 성령께서 보다 신비한 방법으로 성경을 사용하시기도 합니다. 예수님께서 나사로를 얼마나 사랑하셨는지에 대해 읽을 때 문득 하나님께서 "내가 너를 그처럼 사랑하느니라!"라고 말씀하시는 것처럼 느낄 수도 있습니다. 또 어떤 때는 구체적인 메시지는 없으나, 성경을 읽을 때 그리스도께서 당신 가까이 당신과 함께 계시는 느낌이 들 것입니다. 계속 이러한 훈련을 발전시켜 나가십시오.

그러는 동안 당신은 하나님의 말씀을 섭취하는 다양한 방법이 있다는 것을 알게 될 것입니다. 목사님이 하시는 설교를 **들을 수도** 있습니다. 때때로 무슨 재미있는 책을 읽듯이 성경을 죽 **읽어 나갈** 수도 있습니다. 영적으로 성장해 감에 따라 당신은 성경을 좀더 깊이 이해하고 싶어할 것입니다. 그래서 당신은 성경을 교과서처럼 **공부하기** 시

작할 것입니다. 성경을 공부하는 것이 신나는 경험이 되면, 어떤 구절이나 단락을 **암송하여** 그것을 늘 마음속에 간직하고 싶어할 것입니다. 하나님께서 성경을 통해 말씀하시기 시작할 때, 당신은 잠시 멈추고 당신이 들은 것을 곰곰이 생각해 보고 싶을 것입니다. 말하자면, 성경적인 **묵상**을 행하는 것입니다. 이러한 다섯 가지 방법은 당신이 하나님의 말씀을 섭취하는 데 큰 도움이 될 것입니다. 이 다섯 가지가 어떻게 함께 일하는지는 다음과 같은 그림으로 나타낼 수 있습니다.

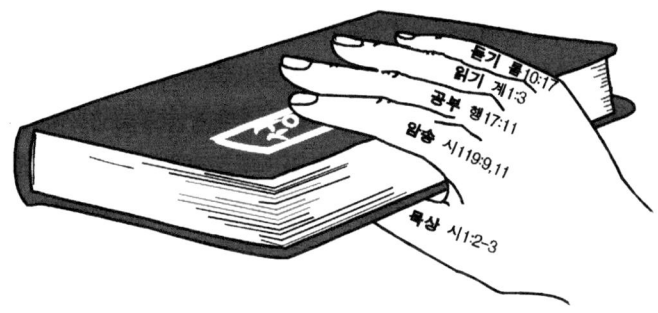

마지막으로, 당신은 말씀을 듣기만 하는 자가 아니라 **행하는** 자가 되기를 원할 것입니다(야고보서 1:22). 당신에게는 하나님께서 주신 지침을 행동으로 옮기고자 하는 열망이 있어야 합니다. 영적인 삶을 위한 이러한 훈련을 해감에 따라, 당신의 삶을 위한 하나님의 뜻을 이해하는 능력에서 당신이 성장해 가고 있다는 것을 깨닫기 시작할 것입니다.

기도

성경 말씀을 듣고, 읽고, 공부하고, 암송하는 것 등을 통해 하나님께서는 우리에게 말씀하십니다. 그러나 의사 소통이라는 것은 쌍방향으

로 이루어져야 합니다. 따라서 우리가 하나님께 말씀드리는 것이 또한 필요한 것입니다. 기도를 통해 우리는 이러한 특권을 누립니다. 말씀을 섭취하는 것과 기도하는 것은 우리와 하나님의 관계를 발전시키는 핵심적인 수단입니다.

기도는 하나님과의 의사 소통의 한 형태입니다. 기도로 우리는 의식적으로 하나님의 임재를 경험할 수 있습니다. 많은 사람들에게 있어서, 기도는 저절로 발전하지는 않습니다. 보다 의미 깊은 기도 생활을 위한 방법을 배울 필요가 있습니다. 제자들처럼, 우리는 예수님께 나아가 기도를 가르쳐 달라고 요청할 필요가 있는 것입니다(누가복음 11:1).

이 요청을 받고 예수님께서는 제자들에게 일곱 가지 요소로 된 기도를 가르쳐 주셨습니다. 우리들 가운데 대부분은 아마도 이 주기도문을 암송하고 있을 것이며, 예배시에 종종 사용하기도 했을 것입니다. 이 주기도문의 일곱 가지 요소를 지침으로 사용하면, 보다 의미 깊은 기도 생활을 발전시키는 데 도움이 됩니다. 그 일곱 가지 요소를 간단하게 살펴보도록 합시다.

1. **관계** – "하늘에 계신 우리 아버지여." 기도는 하늘에 계신 우리 아버지께 초점을 맞추고 의식적으로 그분의 임재를 상기하는 시간으로 시작됩니다.
2. **경배** – "이름이 거룩히 여김을 받으시오며." 기도는 하나님의 성품에 초점을 맞추는 시간이요, 하나님께서 누구시며, 무엇을 하고 계시냐에 대해 찬양과 감사를 드리는 시간입니다.
3. **개입** – "나라이 임하옵시며…" 기도를 통해 하나님께서 우리 삶에 개입하시게끔 해드립니다. 우리의 뜻을 하나님의 뜻에 굴복시키는 가운데 우리는 하나님의 나라가 우리의 개인적인 삶, 가족,

교회, 그리고 우리나라와 세계에 영향을 미치도록 기도할 수 있습니다.

4. **공급** – "오늘날 우리에게 일용할 양식을 주옵시고." 그리스도를 삶에서 최고의 우선 순위에 둘 때 우리는 자신 있게 하나님의 공급을 위해 기도할 수 있습니다. 기도하면서 아버지 앞에 우리의 필요, 우리의 소원, 그리고 모든 염려 거리들을 내려놓습니다.

5. **용서** – "… 우리 죄를 사하여 주옵시고." 기도는 하나님께 정직해지는 시간입니다. 그것은 우리의 결점과 실패를 다루는 시간이며, 그리스도의 깨끗케 하시는 역사로 말미암아 하나님의 은혜가 우리 삶을 감싸게 하는 시간입니다. 기도하면서 거리낌이나 두려움 없이 우리 삶 가운데 있는 죄를 열거하여 용서를 구하며 하나님의 뜻과 계획에 합당한 길로 되돌아옵니다.

6. **보호** – "우리를 시험에 들게 하지 마옵시고, 다만 악에서 구하옵소서." 영적인 삶은 하나의 전쟁입니다. 우리는 유혹에 넘어가기 쉽고, 또한 적대적인 영적 세력들이 우리를 해치려고 하기 때문에 보호가 필요합니다. 기도로 우리는 성령의 인도와 아버지 하나님의 보호를 받을 수 있습니다.

7. **인정** – "나라와 권세와 영광이 아버지께 영원히 있사옵나이다." 우리 삶에 대한 하나님의 절대 주권을 인정하는 것으로 우리의 기도를 마무리합니다.

개인적인 기도 생활이 발전해 감에 따라, 기도의 여러 차원들이 이 패턴에 첨가될 수 있습니다. 이 패턴은 단지 매일 그리스도께 나아가는 기도 훈련을 시작하도록 돕기 위한 것입니다.

다윗 왕은 성경의 위대한 인물 가운데 하나입니다. 당신과 나처럼 그는 매우 바쁜 삶을 살았습니다. 그는 이스라엘 군대의 지휘관이었

고, 이스라엘 백성의 통치자였습니다. 그의 삶은 우리가 매일 직면하는 것과 똑같은 도전과 어려움으로 가득 차 있었습니다. 그럼에도 다윗은 "…나는 기도할 뿐이라"(시편 109:4)고 했습니다. 다윗은 하나님과의 놀라운 관계 가운데 살았습니다. 시편들을 죽 읽어 보면, 그가 하나님과 남다르게 친밀한 관계 가운데 있었다는 것을 알 수 있을 것입니다. 그러한 친밀함을 발전시키는 데는 기도하는 법을 배우는 것과 기도의 사람이 되는 것보다 더 중요한 것이 없습니다.

교제

성경 말씀과 기도라는 자원은 하나님과의 관계를 발전시키는 직접적이고 수직적인 수단이라고 말할 수 있습니다. 한편, 우리의 영적 성장을 도모하는 데 이용할 수 있는 수평적인 자원들도 있습니다. 바로 교제입니다. 교제란 우리의 영적인 여행에서 동행하는 동료들과 함께 누리는 모든 관계를 포괄합니다. 교제를 통해, 우리는 구체적이고 인간적인 수단으로 표현되는 그리스도의 사랑을 경험합니다. 진정한 교제는 그리스도와 우리의 관계를 향상시킵니다.

팀은 천성적으로 혼자 있기를 좋아하는 사람입니다. 그는 많은 친구를 사귄 적이 없으며, 그를 잘 알고 있는 사람은 하나도 없습니다. 그는 빌리 그래함의 전도 집회 실황을 텔레비전을 통해 시청하다가 예수 그리스도를 영접했습니다. 영접 후 수개월 동안 그는 혼자서 그리스도를 알아 가기 위해 노력했습니다. 그러나 그는 자신의 영적인 삶에 뭔가가 빠져 있다는 것을 점차 느끼기 시작했습니다.

어느 날 밤 그는 거실에서 노래를 듣고 있었는데 그 가사가 마음을 찔렀습니다. "때때로 당신은, 누구나 다 당신의 이름을 알며, 언제나 당신을 기쁨으로 환영해 주는 곳으로 가고 싶을 거예요.… 당신은 누구나 당신의 이름을 아는 곳에 있을 싶을 거예요." 별안간, 팀은 무엇

이 **빠져** 있는지를 알았습니다. 그는 그리스도와 함께 하는 여행에 동행할 다른 사람들을 필요로 했습니다.

팀은 활기 넘치는 남성 성경공부 그룹이 있는 이웃의 한 교회를 찾았습니다. 그 그룹을 통하여 그는 몇 사람을 사귀게 되었고, 그들은 그를 네비게이토의 2:7 프로그램을 운영하는 소그룹에 초대했습니다. 그 그룹에서의 교제는 그가 필요로 하던 바로 그것이었습니다. 하나님께서는 몇 사람의 보살핌과 우정을 통해 팀의 삶에 역사하기 시작하셨고, 또한 팀을 통해 그들에게 도움을 주기도 하셨습니다.

교제란 우리 편에서의 적극적인 어떤 행동이 없이는 잘 이루어지지 않습니다. 그것은 시간과 에너지와 자원을 투자해야 하는 일입니다. 이러한 관계를 계발하기 위해서는 값을 치러야 하나, 그로 인한 유익은 그 값을 훨씬 능가합니다. 교제는 그리스도의 몸의 지체들을 통해 그리스도를 만나게 해줍니다. 교제는 하나님의 선물이며 하나님의 사람이 되는 데 필수적인 것입니다.

증거

증거란 아직도 영적 여행을 시작하지 않은 사람들과의 모든 관계를 포괄합니다. 예수님께서 아버지께로 승천하시기 전에 마지막으로 제자들에게 하신 말씀은 온 세상에서 그분의 증인이 되라는 것이었습니다(사도행전 1:8). 예수님께서는 제자들에게 "너희가… 내 증인이 되리라"고 말씀하셨습니다. 우리는 증거를, 우리가 "해야" 하는 어떤 것으로 흔히 생각합니다. 그러나 근본적으로, 증거는 우리가 "되어야" 하는 어떤 것입니다. 증인이 된다는 것은 우리가 그리스도를 알고 또한 따르고 있다는 것을 삶으로 보여 준다는 것입니다. 이를 통해 우리는 세상으로 나아갑니다. 또한 증인은 자기가 예수님에 대해 알고 있는 바를 입술로도 증거해야 합니다.

첫 여섯 단계를 밟았다면, 이제 단계 7로 나아갑니다. 이 단계는 우리가 효과적인 증인이 되는 법을 알도록 도와줍니다. 다음 장에서 이 단계를 살펴보겠습니다.

수레바퀴 예화

기본적인 훈련들을 합치면 어떤 모양이 되는지 살펴봅시다. 그것을 잘 보여 주는 훌륭한 예화는 **수레바퀴 예화**입니다.

네 가지 훈련은 수레바퀴의 살을 형성합니다. 수직 살들은 하나님과의 직접적인 의사 소통 수단들을 나타냅니다. 성경 말씀을 통해 하나님께서는 우리에게 말씀하십니다. 기도를 통해 우리는 하나님께 말씀드립니다. 그리하여 의사 소통은 이루어지고 관계는 긴밀해집니다.

수평 살은 하나님과 관계를 맺는 간접적 수단들을 나타냅니다. 교제는 그리스도인의 삶을 살아가는 다른 사람들과의 관계를 맺게 합니다. 우리는 한 팀 안에 있습니다. 영적 여행은 멋진 모험입니다. 우리는 서로 팔짱을 끼고 나란히 서서 전진합니다. 형제들을 통해 우리는

구체적인 방법으로 그리스도의 사랑과 지원을 경험합니다. 마지막으로 하나 남은 살은 증거의 살입니다. 이 살을 통해 우리는 그리스도께서 세상에서 그분 자신의 삶을 사시는 살아 있는 도구가 됩니다.

수레바퀴의 중심에는 축이 있습니다. 그 축은 바로 그리스도이십니다. 모든 훈련은 우리와 그리스도와의 관계를 친밀히 하는 데 기여합니다. 그리스도께서 우리 삶의 중심에 계시고, 우리가 그리스도와 역동적인 관계 가운데 있을 때, 우리는 세상을 이기고, 가정과 이웃과 직장과 도시와 그리고 온 세계에서 하나님의 사람이 될 수 있습니다. 그리스도 안에서 성장하는 이 단계를 위해 시간을 보낼 때, 단계 7을 밟을 준비가 됩니다.

점검 사항

개인적인 묵상

1. "종교"와 "관계" 중에서 현재 당신의 영적 삶은 주로 어느 편이라고 생각합니까?
2. 당신은 얼마나 꾸준히 말씀 섭취에 시간을 들입니까? 이 영역에서의 진보를 위해 무엇을 할 수 있겠습니까?
3. 이번 주에는 날마다 주기도(主祈禱)의 7가지 요소를 포함시켜 10분간 기도하는 시간을 가지도록 하십시오.

그룹 토의

1. 자아가 왕좌를 차지하고 있는 증거들에 대해 토의해 보십시오.
2. 그리스도를 중심에 모시는 데 기도는 어떻게 도움을 줍니까?
3. 수레바퀴 예화에서 당신의 가장 강한 살과 가장 약한 살에 대해 이야기해 보십시오.

7
단계 7
하나님의 나라를 위해 일함

오직 성령이 너희에게 임하시면
너희가 권능을 받고…내 증인이 되리라. (사도행전 1:8)

주 예수님, 주님의 은혜와 도우심으로 제가 가정과 이웃과
직장과 그리고 세상에서 주님의 증인이 되기 원하옵나이다.
오늘 저를 통해 주님의 삶을 사시옵소서.

나는 세상에서 가장 행복한 사람입니다! 나는 하나님께서 내게 베풀어 주신 많은 복들로 인해 늘 하나님께 감사를 느낍니다. 딸 스테파니와 아들 베이커는 나를 위한 하나님의 복의 통로입니다. 올해는 우리 가족에게 두 가지 면에서 중요한 해였습니다. 아마 올해는 우리 딸이 이성에 눈을 뜨고 우리 아들이 야구에 눈 뜬 해로 기억될 것입니다. 하나는 나에게 염려를, 다른 하나는 큰 즐거움을 안겨 주고 있습니다. 각각 어느 것인지 짐작할 수 있겠지요?

베이커의 야구 사랑은 덴버에서 메이저 리그가 시작되어 야구 열기가 달아오르면서부터 시작되었습니다. 벌써 로키즈의 열렬한 팬이 되었습니다. 베이커의 생일은 4월 9일입니다. 그날은 묘하게도 로키즈가 처음으로 덴버에서 홈 경기를 하는 날이었습니다. 베이커는 생일 선물로 이 게임의 입장권을 원했습니다. 그러나 올해는 여러 가지 사정도 있고, 거기다 입장권 한 장에 250불이나 하는 바람에, 우리는 첫

게임은 관람하지 않기로 했습니다. 그러나, 한 친구의 도움으로, 4월 10일에는 3루와 홈 플레이트 사이에 자리를 잡을 수 있었습니다. 그날은 덴버에서는 멋진 날이었고 로키즈는 몬트리올 엑스포즈를 완전히 제압했습니다.

야구를 보는 것보다 베이커가 더 좋아하는 것이 하나 있는데, 그것은 바로 야구를 직접 하는 것입니다. 나는 어떻게 공을 잡고, 던지고, 치는지에 대해 가르치느라 애쓰고 있습니다. 우리는 뜰에서 몇 시간이고 공을 가지고 놉니다. 마침내 이번 주에 그 애에게 가장 신나는 순간이 도래했습니다. 베이커가 진짜 게임에 나가게 되었습니다. YMCA의 야구 경기에 나가게 된 것입니다. 이 대단한 사건에 대해 생각할 때면, 운동을 배우다 어느 시점에 우리 모두가 했을 말이 생각납니다. "코치님, 저도 한번 뛰게 해주세요!"

살아오면서 가장 좌절과 실망을 느낀 때는 벤치에 앉아서, 다른 사람이 내 포지션에서 뛰고 있는 것을 보고 있을 때였습니다. 마침내, 나는 더 이상 참을 수가 없었습니다. 벤치에서 벌떡 일어나 코치 앞에 무릎을 꿇고는 그의 바지 자락을 잡아당기며 "코치님, 저도 한번 뛰게 해주세요!"라고 간청했습니다.

나는 운이 좋았습니다. 많은 게임에서 다른 사람들을 물리치고 좋은 포지션을 차지할 수 있었던 것입니다. 그러나, 대부분의 시간을 벤치에서 보내야 했던 친구들도 기억이 납니다. 그들을 두 부류로 나눌 수 있었습니다. 한 부류는 게임에 참여하기를 너무나 갈망했습니다. 그러나 팀에 기여할 만한 능력이 없었습니다. 나는 이러한 사람들을 훌륭하게 생각합니다. 그들은 경기에 참여하기를 간절히 원했기 때문에 기꺼이 고된 훈련을 견디어 냅니다. 그들은 자신들이 게임에 참여하려면, 우리 팀이 상대 팀을 완전히 압도하여 벤치 부대가 게임에 투입되어도 좋을 만큼 여유가 생기거나, 혹은 우리 팀이 너무나 형편없

이 지는 바람에 벤치 부대를 투입함으로 게임을 포기해 버릴 정도가 되어야 한다는 것을 압니다. 코치가 마침내 "이봐, 자네가 들어가도록 해!"라고 할 때, 필드로 나가는 그들의 얼굴에는 환희의 빛이 감돌았습니다.

또 한 부류는 실제로 벤치에 앉아 있는 것을 좋아했습니다. 연습하는 것이 그들의 삶이었습니다. 게임을 위해 복장을 갖추는 것은 좋아하나, 실제로 게임에 참여하는 것은 생각만 해도 두려움을 느끼는 사람들입니다. 나는 이러한 사람들을 이해할 수가 없습니다. 애석하게도, 예수 그리스도를 따르는 일에서도 이와 같은 태도를 취하는 사람들이 있습니다. 너무나 많은 사람들이 "연습"하는 데만 열심이고 실전에는 관심이 없습니다.

주님의 나라의 일은 미식 축구 게임과 흡사한 면이 있습니다. 콜로라도 주의 덴버에 살고 있는 나는 덴버 브론코스 팀을 사랑합니다. 가끔 우리 교회의 교인이나 친구가 우리 가족에게 덴버 사람들이 가을에 가장 탐내는 것을 선물합니다. 바로 브론코스의 경기 입장권입니다. 브론코스가 상승세를 타고 있을 때 관람석에 앉아 있는 것은 참으로 신나는 일입니다. 브론코스 팀이 힘이 빠질 대로 빠져 휴식을 절실히 필요로 하고 있을 때도, 7만 5천 명의 관중들은 22명의 선수들이 더 열심히 뛰기를 간절히 바라고 있습니다. 유감스럽게도, 그리스도의 나라에서도 이와 똑같은 일이 일어나고 있습니다. 너무나 많은 사람들이 너무나 적은 일을 하고 있는 반면, 너무나 적은 사람들이 너무나 많은 일을 하고 있습니다. 너무나 많은 사람들이 벤치나 관람석에 앉아 있습니다. 하나님께서는 일꾼들을 찾고 계십니다. "코치님, 저도 한 번 뛰게 해주세요!"라고 간절한 마음으로 외치는 사람들을 찾고 계시는 것입니다.

하나님의 나라를 섬김

계속 행복하게 사는 비결을 알고 싶습니까? 외적 환경에 의해 좌우되지도 않고 신제품을 손에 넣지 않고도 얻을 수 있는, 깊은 만족감과 기쁨을 누리고 싶습니까? 당신의 삶을 뭔가 중요한 것에 드리기 원하십니까? 그렇다면, 단계 7을 밟으며 그리스도의 나라를 위해 일하는 법을 배우도록 하십시오.

봅 딜란의 노래는 "당신은 누군가를 섬겨야 한다"라는 것을 상기시켜 주었습니다. 그는 문제의 핵심으로 곧바로 들어가 "마귀일 수도 있고, 주님일 수도 있지만, 당신은 누군가를 섬겨야 한다"고 선언했습니다. 그의 이분법적인 방식에 동의하지 않을지는 모르나, 그 노래의 기본적인 메시지는 옳습니다. 삶이란 섬기는 일과 밀접한 관련이 있습니다. 누구를 섬기고 있는지, 그리고 그 섬김의 결과가 무엇인지에 따라, 우리 삶이 보람 차고 의미 심장할 수도 있고 천박하고 무의미할 수도 있습니다.

역사상 가장 행복한 삶을 살았던 사람이 누구입니까? "하나님이 즐거움의 기름을 네게 부어 네 동류들보다 승하게 하셨도다"(히브리서 1:9, 시편 45:7의 인용)라고 성경이 말하고 있는 예수님 다음으로는 아마도 프랭크라는 이탈리아의 젊은이가 아닐까 합니다. 부유한 가정에서 자라난 프랭크는 부자가 누릴 수 있는 온갖 것을 누렸습니다. 그리고 섬김을 받는 삶을 살았습니다. 그러나 어느 날, 로마로 여행하다가 예수님을 믿게 되었습니다. 그의 삶은 변화되기 시작했고, 그는 그리스도께서 "나를 따르라"고 부르시는 것을 알고, 그 부르심에 응했습니다. 말하자면, "코치님, 저도 한번 뛰게 해주세요!"라고 한 것입니다. 예수님께 나아왔던 부자 청년과는 달리 프랭크는 모든 세상적인 부를 포기하고 가난한 삶을 살면서 그리스도를 따랐습니다. 그의 물질적

빈곤은 대단한 영적 부요로 이끌었습니다. 예수님처럼 그는 남은 생애를 섬김을 받지 않고 섬기는 삶에 드렸습니다(마가복음 10:45). 그 해가 주후 1205년이었고, 프랭크의 온전한 이름은 프란체스코였였습니다. 아시시라는 도시에 살았던 그는 오늘날 아시시의 성 프랜시스로 알려져 있습니다. "주여, 나를 평화의 도구로 써주소서"라는 그의 기도는 유명합니다. 다른 말로 하면, "코치님, 저도 한번 뛰게 해주세요!"라고 요청한 것입니다.

성 프랜시스의 소원은 하나님의 평화의 도구가 되는 것이었습니다. 산상수훈에서 예수님께서는 제자들에게 "화평케 하는 자는 복이 있다"(마태복음 5:9)고 가르치셨습니다. 화평케 하는 일은 평화에 대한 히브리적인 개념에 뿌리를 두고 있습니다. 평화를 나타내는 히브리어는 샬롬입니다. 구약 시대에 샬롬은 인사말 그 이상이었습니다. 그것은 삶에서 하나님과의 관계를 통해 얻을 수 있는 것을 나타내는 말이었습니다. 성경적 의미의 화평 혹은 평화는 우리가 알고 있는 것보다 훨씬 더 넓은 의미를 가지고 있습니다.

평화라는 말은 흔히 적대 관계의 종식을 의미합니다. 1960년대에 많은 사람들은 두 손가락을 내보이면서 "평화!"라고 외치곤 하였습니다. 이것은 월남전의 종식을 열망하는 세대의 마음을 표현하는 것이었습니다. 1990년대에는, 온 세계가 중동의 평화를 갈망하고 있습니다.

비록 샬롬이 적대 관계의 종식을 의미하기도 하지만, 그보다 훨씬 더 포괄적인 개념을 가지고 있습니다. 성경에서 샬롬은 하나님의 축복과 밀접한 관련을 가지고 있습니다. 샬롬은 물질적인 부와 육체적인 건강, 감정적인 만족, 인간 관계에서의 조화, 그리고 영적인 구원을 다 포함하는 것이었습니다. 샬롬은 하나님과 올바른 관계에 있음으로 말미암은 총체적인 행복의 상태입니다. 모든 사람들이 경험하기 원하

는 그런 삶입니다. 샬롬을 나눠 주는 일은 하나님의 사람이 되는 데 중요한 요소입니다.

행동하는 사람

단계 7은 행동의 단계입니다. 이는 앞의 여섯 단계를 통해 주어지는 모든 자원들을 가지고, 그리스도의 증인으로서 세상으로 나아가는 단계입니다. 그것은 구체적인 방법으로, 그리스도께서 우리를 통해 사시도록 해드리는 단계입니다. 증인은 화평케 하는 자입니다. 화평케 하는 자는 행동하는 사람입니다.

샬롬에 여러 측면이 있어 화평케 하는 방법도 다양합니다. 화평케 한다는 것은 하나님의 샬롬의 도구가 되는 것입니다. 그것은 우리의 육체적, 감정적, 영적, 재정적, 그리고 정치적 자원들을 다른 사람을 위해 사용하는 것을 필요로 합니다. 화평케 하는 것은 우리 이웃을 사랑하는 구체적인 방법입니다(마태복음 22:39).

화평케 하는 자가 되려면 가치관이 근본적으로 바뀌어야 합니다. 세상은 "물질을 사랑하라. 사람들을 이용하라"라고 우리를 세뇌시킵니다. 그러나 진정으로 하나님의 사람이 되고자 하면, 마땅히 "사람들을 사랑하라. 물질을 이용하라"로 사고 방식을 바꾸어야 합니다. 이것이 성경적 가치관의 밑바탕을 형성하고 있으며, 화평케 하는 자는 이러한 가치관을 가지고 있습니다.

여러 가지 방법으로 화평케 할 수 있습니다. 어떤 이들은 육체적인 면에서 화평케 하는 자가 될 수 있습니다. 다른 사람의 육체적인 삶의 질을 향상시키는 데 우리의 시간과 에너지와 자원을 이용할 수 있다는 말입니다. 어떤 사람은 감정적인 면에서 화평케 하는 능력이 있습니다. 어떤 이들은 영적인 면에서 화평케 하는 자로서 하나님께 쓰임

받습니다. 하나님께서는 세상에서 화평케 하는 일을 하도록 독특하게 우리 각자를 창조하셨습니다.

매주 화요일 저녁 체리힐즈커뮤니티 교회에서는 아름다운 일이 일어납니다. 그 교회는 덴버 시 외곽의 부유층이 살고 있는 지역에 위치하고 있습니다. 이러한 교회는 가난한 자들의 필요에 대해 생각지 못하기가 쉽습니다. 그러나 화요일 저녁마다 그 교회에서는 "만나 모임"을 열고 있습니다. 원래는 가난한 자들에게 식사 대접을 하기 위한 모임이었지만, 이제는 육체적인 샬롬을 필요로 하는 덴버 남부의 사람들에게 음식과 의류를 공급하며, 의료 봉사를 행하고, 그리고 심지어는 무료로 이발도 해주고 있습니다. 만나 모임을 위해 자발적으로 자신의 시간을 들이고 있는 이 사람들은 화평케 하는 자들입니다. 그들은 그리스도에 대한 자신의 믿음을 행동으로 옮기고 있습니다.

덴버의 8번가와 로건로(路)가 맞닿는 모퉁이에는 콜로라도 주지사의 장엄한 관사가 있습니다. 관사에서 길을 건너면 화평케 하는 일의 모델이 되는 장소가 있습니다. '사랑의 집'이라고 부르는 그곳은 집이 없는 사람들이 일시적으로 거주할 수 있는 구명 보트 역할을 합니다. 집이 없는 사람들 중에 많은 이들이 생활 보호 대상자의 범주에는 들지 않습니다. 어떤 이들은 예기치 않은 일로 집을 잃기도 합니다. 많은 이들은 스스로 설 수 있을 때까지 다른 사람들로부터 얼마간의 샬롬을 공급받아야 합니다. 보우 미첼 씨의 지도 하에, 덴버의 사업가들은 힘을 결집하여 '사랑의 집'과 같은 장소를 만들기 위한 자금들을 확보하기 위해 모임을 결성했습니다. 그 일에 참여하고 있는 사람들은 화평케 하는 자가 되는 축복을 누리고 있는 셈입니다.

때때로 하나님의 나라를 위해 일하는 것은 신체적인 면으로 화평케 하는 일 그 이상을 요구합니다. 허드슨 씨 부부는 사람들의 존경을 받고 있습니다. 10년 이상 그들은 가정을 개방하여 어린이들을 돌보고

있습니다. 그 동안 30명이 넘는 아이들이 일시적이나마 허드슨 씨의 가족이 되는 특권을 누렸습니다. 그들의 가정이라고 해서 아무 문제도 없는 것은 아니었습니다. 딸은 뇌성마비 환자입니다. 딸을 통해 장애 아동들의 필요에 민감해진 그들은 사람들이 돕기를 꺼리는 많은 아동들을 돌보아 주었습니다. 허드슨 씨 부부는 신체적으로 안식을 누릴 수 있는 가정을 제공했을 뿐만 아니라, 그 아동들을 사랑했고, 그들의 감정적인 필요도 채워 주었습니다. 그 가정에서는 기적이 일어납니다. "소망이 전혀 없던" 몇몇 아동들은 허드슨 씨 부부가 감정적인 샬롬을 제공함으로 말미암아 건전하게 성장하여 대학까지 졸업하고 생산적인 삶을 살고 있습니다.

리치 비치 씨도 화평케 하는 자입니다. 영적으로 굶주리고 있던 수많은 사람들이 영적인 면에서 화평케 하는 그의 노력으로 말미암아 삶에서 새로운 의미를 찾았습니다. 사람을 끄는 성품과 더불어 사람들의 구원에 진정한 관심을 가진 그는 어떤 사람과 대화를 시작하면 곧 그 사람의 영적 상태를 알아 봅니다. 사람들의 영적 필요에 민감하고 담대히 복음을 전하는 그는 수많은 사람들의 마음의 문을 열게 했습니다. 영적인 필요가 있고 마음이 열려 있는 사람들에게 리치 씨는 어떻게 예수 그리스도와 관계를 맺을 수 있는지를 알기 쉽고 흥미롭게 설명해 주었습니다. 식당에서, 비행기에서, 가게에서, 그리고 거의 모든 삶의 현장에서, 리치 씨는 사람들을 그리스도께로 인도하였습니다. 그리하여 사람들의 깊은 영적 필요는 하나님의 샬롬으로 해결을 받았습니다.

빌 암스트롱 씨는 화평케 하는 자입니다. 18년 동안 그는 콜로라도 주민들을 섬겨 왔는데, 처음에는 하원에서, 그리고 12년 동안은 상원에서 그렇게 했습니다. 이 기간 동안 그는 줄곧 자신의 정치적 영향력을 사용하여 수많은 사람들의 삶의 질을 높이는 데 주력했습니다. 그

리스도와 사람들에 대한 그의 사랑 때문이었습니다.

톰 와인즈 씨는 화평케 하는 자입니다. 그는 구호 단체의 최고 책임자입니다. 겨울밤에 덴버의 중심가에 있는 고가(高架) 다리 밑에 가 보면 그가 집 없는 사람들에게 장갑과 모포를 나누어 주고 있는 것을 볼 수 있을 것입니다.

리치 발렌지아노 씨는 화평케 하는 자입니다. 의사로서 그는 불우한 사람들의 의료적인 필요를 채우는 일에 삶을 투자해 왔습니다. 그러나 주일날 아침에는 다섯 살짜리 아이들에게 예수님에 대해 가르치는 데 자신의 시간과 에너지를 들입니다.

플립 코울 씨는 화평케 하는 자입니다. 그는 건축업을 하고 있지만 화요일 저녁에는 자신의 시간과 에너지를 도움이 필요한 사람들에게 쏟고 있습니다.

마이크 앤더슨 씨는 화평케 하는 자입니다. 날이면 날마다, 그는 자신의 상담소를 찾아오는, 상처받고, 괴로움을 겪으며, 삶에 환멸을 느끼고 있는 사람들에게 샬롬의 도구가 되기 위해 혼신의 노력을 하고 있습니다.

이러한 사람들이 우리 시대의 진정한 영웅들입니다. 그들은 화평케 하는 자들입니다. 그들은 그리스도와 생동감 있는 관계를 맺고 있으며, 그러한 관계는 그리스도의 나라를 위해 일하는 것으로 표현되었습니다. 그들도 제한된 시간과 자원만을 가지고 있습니다. 그들도 일주일은 7일뿐입니다. 그들에게도 매월 1일에는 청구서들이 날아듭니다. 그들의 차도 고장이 나고, 그들의 자녀들도 보살핌을 필요로 합니다. 그런데도 어떻게 그런 삶을 살 수 있습니까? 그들은 세상에서 그리스도의 증인이 되어 그리스도를 섬기는 것의 가치를 알았고, 그리고 이 일에 헌신되어 있기 때문입니다.

당신도 화평케 하는 자가 되라

내가 앞에서 여러 사람들을 소개한 것은, 그저 그러한 사람들에 대해 감탄이나 하게 만들려는 것이 아니라, 화평케 하는 자가 되도록 도전하기 위해서였습니다. "아니, 내가요?" 예, 바로 당신이! 하나님께서는 이 세상에서 샬롬의 도구가 되도록 당신을 창조하셨습니다.

한자(漢字)로 위기는, 위험을 나타내는 위(危)자와 기회를 나타내는 기(機)자로 이루어져 있습니다. 세계는 위기에 처해 있습니다. 우리 나라도 위기 상태에 있습니다. 우리 도시도 위기에 처해 있고, 우리 이웃도 위기에 처해 있으며, 그리고 종종 우리 가족도 위기 가운데 있습니다. 그야말로 우리는 위기에 둘러싸여 있습니다. 그러나 위기는 하나의 도전입니다. 위험과 더불어 화평케 하는 일을 할 수 있는 기회가 오기 때문입니다.

인류 역사상 요즘처럼 그리스도의 증인이 될 수 있는 기회가 많은 적이 없었습니다. 많은 사람들에게 있는 위험은, 섬김을 필요로 하는 영역이 너무나 많은 것을 보고 압도되어 아무것도 하지 않는 것입니다. 증인으로서 효과적인 삶을 살려면, 앞에 놓여 있는 수많은 기회들을 분류하여, 최대의 기여를 할 수 있는 곳에 우리의 제한된 시간과 에너지와 자원을 집중시켜야 합니다. 세계 평화를 마음속으로 그리는 것만으로는 충분치 않습니다. 7단계 과정은 우리에게 화평케 하는 자로서 살도록 요구합니다. 이를 위해서는, 우선 순위를 설정하며, 자신의 은사를 발견하고, 자신의 열정을 알아 보며, 그리고 자신의 삶에서 하나님의 뜻을 이해하기 위해 노력해야 합니다.

우선 순위의 설정

제이크는 젊은 사업가로 성공했습니다. 세상적인 관점에서 볼 때

성공했다는 말입니다. 그는 자신의 삶을 쏟아 부어 사업을 일으켜 세웠고, 그 결과 아름다운 주택과 멋있는 자동차를 가지고 있으며, 아무나 들어가지 못하는 컨트리 클럽의 회원도 될 수 있었습니다. 그렇게 하는 와중에 그의 결혼 생활은 파탄에 이르다시피 했고, 자녀들을 양육하는 즐거움도 대부분 놓쳐 버렸습니다. 제이크는 우선 순위에 문제가 있었습니다.

제이크는 덴버 교외에서 열리는 수양회에 초대를 받았습니다. 그는 그 모임이 "종교적"이 아닐까 의심이 되었지만, 수양회장이 미국에서 가장 성공한 사업가의 대열에 끼여 있는 사람의 소유인지라 한번 가 보기로 했습니다. 제이크는 하나님께서 그 수양회를 통해 자신의 중심을 흔들어 놓으실 줄은 꿈에도 몰랐습니다.

하루 반 동안 제이크는 관계와 우선 순위에 대한 일련의 메시지를 귀담아 듣게 되었습니다. 그는 우리 삶에 대한 하나님의 계획에 대해 좀 알게 되었습니다. 이내 그는 자신의 우선 순위가 하나님께서 원하시는 우선 순위와는 너무나 동떨어져 있다는 것을 깨달았습니다.

하나님께서 한 영혼을 변화시키시는 것을 보면 언제나 놀라움을 금할 수 없습니다. 수양회가 끝날 무렵, 제이크는 눈물을 흘리며 나에게로 왔습니다. 하나님께서 그를 완전히 바꾸어 놓으셨습니다. 몇 개월 후 그는 그 수양회에서의 몇 시간이 자신의 삶을 얼마나 변화시켰는지를 편지로 알려 왔습니다. 그는 새로운 우선 순위에 따라 살기 시작했습니다.

지난 12년 동안, 하나님의 우선 순위에 대해 가르치면서 나는 수많은 "제이크"를 만났습니다. 그들에게는 올바른 우선 순위의 설정을 도와주는 도구가 필요했습니다. 그래서 "사랑의 사다리"라는 도구를 생각해 내었습니다. 그것은 예수님께서 자신을 따르는 사람들을 위해 확립해 주신, 관계에 있어서의 우선 순위를 시각화한 것입니다.

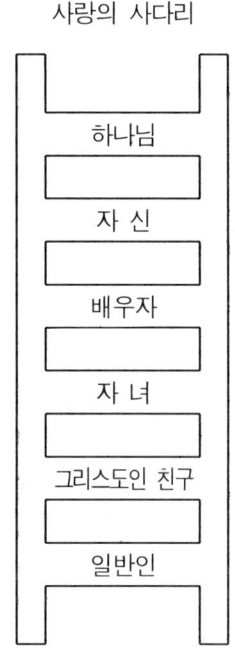

사랑의 사다리

제이크는 성경을 읽어 본 적이 없었습니다. 하나님의 사람이 되는 모험을 시작했을 때 그는 성경에 담겨 있는 그 많은 정보들로 인해 압도되는 듯한 느낌을 받았습니다. 제이크와 같은 느낌을 갖는 사람이 많습니다. 어느 날 한 사람이 예수님을 찾아와서는 사람들이 하나님의 아들에게 물을 수 있는 가장 좋은 질문을 했습니다. 이 사람은 유대인 율법사였습니다. 율법사란 구약성경에 대해서는 통달한 사람이었습니다. 예수님께 "선생님이여, 율법 중에 어느 계명이 크니이까?"(마태복음 22:36)라고 물을 때, 그는 제이크처럼 너무 많은 율법들로 인해 압도되는 듯한 느낌을 받아 왔던 것 같습니다. 나는 때때로 이 질문을 이렇게 풀어 씁니다. "이 두꺼운 성경책의 전체 내용을 하

나의 중심 되는 원리로 압축한다면 어떤 것이 되겠습니까?"
 이 질문에 대하여 예수님께서는 "'네 마음을 다하고 목숨을 다하고 뜻을 다하여 주 너의 하나님을 사랑하라' 하셨으니, 이것이 크고 첫째 되는 계명이요, 둘째는 그와 같으니 '네 이웃을 네 몸과 같이 사랑하라' 하셨으니, 이 두 계명이 온 율법과 선지자의 강령(綱領)이니라"(마태복음 22:37-40)라고 대답하셨습니다. 예수님께서는 하나님께서 성경을 통해 우리에게 알게 해주신 모든 것은 이 두 계명을 이해하고 적용하는 것에 관한 것이라고 말씀하고 계셨습니다.
 하나님께서는 우리가 사랑하는 삶을 살도록 계획하셨습니다. 사랑은 관계에 관한 것입니다. 만약 우리 삶을 그리스도와 그분의 말씀이라는 토대 위에 세우기 원한다면, 관계에 관한 우선 순위 체계를 잡을 필요가 있습니다. 우리 삶에서 가장 높은 우선 순위는 하나님과의 관계가 되어야 합니다. 하나님께서 그 사다리의 맨 위쪽을 차지하십니다. 가장 크고 첫째 되는 계명은 하나님을 사랑하라는 것입니다. 그리고 이 말씀에 다음과 같은 말을 덧붙일 수 있을 것입니다. "그리고 하나님께서 당신을 사랑하시게 하라."
 하나님을 진정으로 사랑한다면, 그 사랑은 우리 이웃에 대한 사랑에 반영될 것입니다. 사다리의 나머지 가로대들은 우리 삶에서 다양한 "이웃들"의 성경적인 우선 순위를 나타냅니다. 결혼한 사람들에게 있어서는, 배우자가 그리스도 다음으로 높은 우선 순위를 차지해야 합니다. 여기가 화평케 하는 일의 시작점이 되어야 합니다. 가정은 하나님께서 우리에게 사랑과 섬김을 가르치시기 위해 마련한 실습장입니다. 단계 7은 그리스도께서 교회를 사랑하시듯 배우자를 사랑하기로 결심하는 것으로부터 시작됩니다.
 자녀를 둔 사람들에게는, 자녀들이 배우자 다음으로 우선 순위를 차지해야 합니다. 하나님의 뜻에 합당한 삶을 살기 원한다면, 자녀들

을 사랑하고 돕기 위해 적절한 관심과 시간과 에너지를 쏟아야 합니다. 성경적인 우선 순위라는 주제로 말씀을 전할 때마다 나는 이 자녀 사랑의 영역에 대한 아이디어들을 나눕니다. 내가 주는 조언 가운데 하나는, 우리가 직장에서 집으로 돌아올 때 실제로는 그날의 가장 중요한 일이 시작되고 있다고 생각해야 한다는 것입니다.

사다리의 다음 가로대는 "친구"입니다. 이 가로대는 단계 6에서 소개하고 있는 수레바퀴 예화에 나오는 교제의 살을 반영합니다. 교제는 우리 삶에서 우선 순위가 되어야 합니다. 우리는 그리스도 안의 형제들을 이 세상에서 그리스도를 섬기는 데 있어서 중심 위치에 두어야 합니다.

마지막 가로대는 "일반인"입니다. 타락한 세상에 살고 있는 사람들을 사랑하고 섬기는 기회들을 여기에 포함시킵니다. 이 가로대를 사다리에 설치함으로 우리는 물질보다 사람이 더 중요하다고 말하고 있는 것입니다.

이 도구는 관계에 있어서의 우선 순위를 보여 주며, 이는 삶을 살아갈 때 "여과기" 역할을 합니다. 그것은 우리의 모든 결정과 행동을 재빨리 검사하는 일을 합니다. 어려운 결정에 직면하면 "이것이 어떻게 사랑의 사다리에 부합되는가?"라고 묻습니다. 재빨리 우리는 머리 속으로 사다리를 생각하면서 그 결정이 하나님, 배우자, 자녀, 그리스도 안에서의 형제들, 그리고 일반인들과의 관계에 어떤 영향을 미치는가 하는 관점에서 그 결정을 따져 볼 수 있습니다. 그 결정이 이러한 관계들을 향상시킨다면 좋은 결정입니다. 그 결정이 이러한 우선 순위들과 마찰을 일으킨다면, 더 진행시키기 전에 잠시 멈추고 조심스럽게 그 결정과 그 결정이 내포하는 것들에 대해 생각해 보아야 합니다.

성경적인 우선 순위를 설정했다면, 어떻게 화평케 하는 자로서 잘 기여할 수 있는지를 알아야 합니다. 이것은 어려워 보일지 모릅니다.

섬기는 일에서 우리의 초점을 명확하게 하기 위해 몇 단계를 더 밟아야 할 필요가 있습니다.

은사의 발견

화평케 하는 자로 부르심을 받았다는 것이 당신이 할 수 없는 어떤 것을 하도록 부르심을 받았다는 말은 아닙니다. 그것은 당신이 행할 수 있도록 갖추어진 어떤 과업을 행하는 것을 의미합니다. 당신이 그리스도를 영접하는 결단을 내렸을 때, 많은 놀라운 변화들이 삶에서 일어났습니다. 그리스도께서 성령을 통해 당신 안에 거하시기 위해 들어오신 것입니다. 성령께서 당신 안에 들어오실 때, 영적 은사라고 부르는 초자연적인 능력들을 당신에게 주셨습니다. 성경은 "이 모든 일은 같은 한 성령이 행하사, 그 뜻대로 각 사람에게 나눠 주시느니라"(고린도전서 12:11)고 말합니다. 하나님께서 당신에게 주신 영적인 은사들은 당신이 행하기로 되어 있는 화평케 하는 일을 효과적으로 행할 수 있게 해줍니다.

신약성경의 네 부분에서 이 영적인 은사라는 주제에 대해 설명하고 있습니다. 바로 로마서 12:1-8, 고린도전서 12-14장, 에베소서 4:7-16, 베드로전서 4:10-11입니다. 이러한 구절들에 19가지의 서로 다른 은사들이 언급되어 있습니다. 그리스도를 영접한 사람은 누구나 하나 혹은 그 이상의 은사들을 가지고 있으며, 영적으로 성장해 감에 따라 그 은사들을 발견하고 계발시키게 됩니다. 각자의 영적 은사들을 발견하도록 돕기 위한 프로그램들이 있는 교회들도 있습니다.

현대 교회의 큰 비극 가운데 하나는, 어떤 은사를 가진 사람들을 그 은사를 사용할 수 있는 곳에 주의 깊게 배치하지 못하는 것입니다. 흔히 교회의 사역들은 "자리 채우기" 원리에 따라 이루어져 왔습니다. 만약 주일학교 교사가 필요하면, 당신이 비록 가르치는 은사가 없는

사람일지라도 자원하기만 하면 그 자리를 차지할 수 있다는 말입니다. 얼마나 많은 주일학교 학생들이 가르치는 은사가 없는 교사들한테 배우느라 따분하고 싫증나는 수업을 하는지 모릅니다. 자신의 은사들을 발견함으로 화평케 하는 자로서 더욱 효과적으로 드려질 수 있습니다.

열정을 알아 봄

일리노이 주 사우드배링턴에 소재하는 윌로우크릭커뮤니티 교회는 교인들이 하나님의 나라를 위해 중요한 기여를 하기 위해서는 어디에 그들의 에너지를 투자해야 할지를 발견하도록 돕기 위해 훌륭한 프로그램을 계발했습니다. 교인들에게 자신들의 영적 은사를 발견하도록 돕는 한편, 또한 어떤 사역에서 그들의 열정을 알아 보도록 돕습니다. 하나님께서 어떤 일을 위해 우리를 창조하셨다면, 그 일에 대한 열정도 주실 것이라 믿기 때문입니다.

우리의 열정은 각자의 특성과 밀접한 관련을 가지고 있습니다. 마치 눈송이처럼, 이 세상에서 서로 똑같은 사람은 존재하지 않습니다. 각 사람은 하나님의 창의성의 표현입니다. 우리는 자신의 아름다움을 손상하거나 왜곡시킬 수는 있으나, 독특성은 변치 않고 그대로 있습니다. 시편 139편은 다윗이 하나님의 섭리 안에서 자신의 독특성과 목적에 대해 이해한 바를 기록한 것입니다.

그 시편에서 다윗은 자신이 "신묘막측하게 지음을 받았다"(14절)라는 것을 인정합니다. 그는 또한 하나님께서는 자신의 "장부(臟腑)"를 디자인하고 만드신 분이라는 것을 인정합니다. 어떤 번역에서는 이 장부가 개성을 의미하는 것으로 되어 있습니다. 다윗은 계속해서 자신의 "형질이 이루기 전에" 즉 몸이 형체를 이루기 전에 하나님께서 보셨고, 그의 모태에서 그를 조직하셨다고 고백합니다(13-16절). 마지막으로, 다윗은 자신을 위하여 정한 날이 하나도 되기 전에 하나님

의 책에 다 기록이 되었다는 사실을 묵상합니다(16절).

이러한 관찰들을 종합해 보면, 다윗은 하나님께서 자신의 신체, 개성, 그리고 삶의 모든 과정을 섭리 가운데 주관하셨다는 것을 믿고 있음을 알 수 있습니다. 이러한 모든 요소들이 합하여져서 다윗의 열정을 만들었습니다. 그는 목자가 양떼를 인도하듯 이스라엘 백성을 의의 길로 인도하도록 만들어졌습니다. 그의 열정은 경건한 인도자가 되는 것이었습니다. 그의 은사, 삶의 경험, 그리고 열정은 이스라엘의 왕이 되도록 한 하나님의 부르심에 꼭 맞았습니다.

다윗처럼 당신은 하나님의 목적들을 성취하도록 "주문 생산"되었습니다. 사도 바울은 "우리는 그의 만드신 바라. 그리스도 예수 안에서 선한 일을 위하여 지으심을 받은 자니, 이 일은 하나님이 전에 예비하사 우리로 그 가운데서 행하게 하려 하심이니라"(에베소서 2:10)라고 했습니다. 하나님께서는 우리를 위해 예비하신 선한 일에 적당하도록 우리를 만드셨다는 것입니다. 얼마나 놀라운 일인지요! 하나님께서는 화평케 하는 일을 예비해 두십니다. 그리고 그 일을 행할 자를 디자인하고 만드십니다. 하나님께서는 그 화평케 하는 자에게 그 일을 행할 수 있도록 재능을 선물하시고, 그리고 그 사람 속에 그 일을 완수하고자 하는 열정을 불러일으키십니다. 하나님께서는 화평케 하는 자가 그 일을 하도록 부르십니다. 하나님께서는 화평케 하는 활동에 성령의 능력으로 덧입혀 주십니다. 화평케 하는 일은 어려운 일이 아닙니다. 그 일을 행하는 한 걸음 한 걸음은 모두 "나는 할 수 없으나, 주님은 하실 수 있다"로 이루어집니다.

부르심의 분별

그리스도를 섬기는 일에서 하나님의 부르심을 분별하는 것만큼 어렵고 그럼에도 단순한 것은 없습니다. 당신이 자신의 삶에 대한 하나

님의 부르심을 아직 모르고 있다면, 이 신비한 현상을 설명하려고 시도하는 것은 아주 어렵고 복잡한 일일 것입니다. 그러나 일단 부르심이 무엇인지를 알고 나면, 그 현상은 너무나 단순하여 설명할 필요조차 없을 정도입니다.

때때로 하나님께서는 실제로 들을 수 있는 음성으로 어떤 사람을 어떤 일로 부르시기도 했습니다. 엘리 시대에 사무엘에게 그런 일이 있었습니다(사무엘상 3:1-10). 그러나 대개 그 부르심은 귀로 들을 수 있는 것이 아니요 내적인 것입니다. 하나님께서는 우리의 환경을 주관하셔서 우리로 어떤 필요에 접하게 하십니다. 그 필요에 접하게 되었을 때, 그 필요를 채우고자 하는 내적인 열망이 생기기 시작합니다. 그러한 내적 열망은 자라 가기 시작합니다. 우리는 마침내 우리가 바로 그 필요를 채워야 할 사람이라는 것을 깨닫습니다. 마음속 깊은 곳 어디에서 우리는 그것을 행하도록 촉구하는 이가 하나님이시라는 것을 알게 됩니다.

그 부르심이 우리의 열정과 영적 은사와 부합될 때, 우리가 행할 화평케 하는 일을 찾았다고 확신할 수 있습니다. 그러면 하나님께서 우리를 위해 마련해 두신 곳에서 사람들을 섬기기 위하여 행동을 취해야 합니다. 그렇게 했을 때 하나님께서 우리 삶을 축복하신다는 느낌이 있을 것입니다. 우리는 하나님께서 어떻게 우리 삶을 사용하셔서 다른 사람들의 삶을 향상시킬 수 있는지를 알게 될 것입니다. 그래서 우리는 또 다른 사람들도 찾아 섬기게 될 것이며, 화평케 하는 자가 되기 시작합니다. 화평케 하는 일은 우리의 삶에 새로운 목적 의식을 심어 줍니다. 또한 우리는 그리스도와 동행하며, 하나님의 나라의 종이 됨으로써, 세상에서 드러날 것입니다. 우리는 가정에서, 이웃에서, 직장에서, 그리고 세상에서 행동으로 그리스도를 증거하는 증인이 됩니다.

이 책의 이 부분까지 읽은 당신은 이 모든 단계들이 어떻게 서로 연관되는지 어리둥절한 느낌이 들지도 모릅니다. 다음 단계에서 우리는 삶의 현장으로 들어가 그러한 단계들을 밟는 것이 실제로 어떤 모습이 될지 살펴보도록 하겠습니다.

점검 사항

개인적인 묵상
1. 당신이 행하고 있는 것 가운데 당신에게 진정한 기쁨을 주는 것은 무엇입니까?
2. 당신은 사람들을 사랑합니까, 아니면 물질을 사랑합니까?
3. 어떻게 하면 당신이 더 효과적인 증인이 될 수 있겠습니까?

그룹 토의
1. 당신의 교회나 지역 사회의 어떤 필요들에 당신의 관심이 쏠립니까?
2. 당신을 향한 하나님의 부르심이라고 생각하는 바를 나누어 보십시오.
3. 당신의 그룹이 다른 사람을 섬기기 위해 어떤 일을 행할 수 있을지 토의해 보십시오. 그것을 행하십시오.

8
프로그램의 실행

삶의 현장에서의 하루

오전 5:45

스티브는 멀리서 어렴풋이 들려 오는 시끄러운 소리를 들을 수 있었습니다. 그 소리를 전에도 들은 적이 있다는 생각이 들었지만 무엇인지 잘 기억이 나지 않았습니다. 사실상, 어떤 것을 기억해 내는 것 자체가 어려운 일이었습니다. 생각이 약간 몽롱했기 때문입니다. 자동차 경주에서 1등으로 결승점을 통과하면서 기뻐 외쳤던 것이 바로 1분 전의 일인 것 같았습니다. 그것은 꿈이었습니다. 갑자기 정신이 들고 그 소리가 무엇인지 생각이 났습니다. 바로 자명종 소리였습니다!

희미한 의식 가운데서 스티브는 손을 뻗어 자명종을 껐습니다. 눈을 떠서 디지털 시계의 문자판에 초점을 맞추니 5:45라는 숫자가 눈에 들어왔습니다. 처음에는 "아니, 내가 실수로 자명종을 잘못 맞춘 모양이로구먼!"이라는 생각이 들었습니다. 그 다음 순간, 자기가 그 시간에 자명종을 맞추어 놓았다는 생각이 떠올랐습니다. 보통 때의 기상 시간은 6시 15분이었습니다. 그러나 오늘 아침은 기억될 만한 아

침이었습니다. 그가 하나님의 사람이 되기 위해 일찍 일어나기로 결단을 내린 후의 첫 아침이었던 것입니다. 그는 일곱 단계들을 복습할 뿐만 아니라 출근 전에 그중에서 가능한 한 많은 것을 행동으로 옮기기 위해 반 시간이나 일찍 일어난 것이었습니다.

비틀거리며 계단을 내려가면서 그는 이렇게 일찍 일어나도록 이끈 사건에 대해 생각했습니다. 2주 전, 그는 콜로라도 주 보울더에서 열린 전국 남성 수양회에 참석했습니다. 그의 절친한 친구인 리치가 그를 이 행사에 초대한 것이었습니다. 스티브는 기독교 행사에 대해서는 좋아하는 면도 있지만 싫어하는 면도 있다고 하면서 참석을 꺼렸습니다. 리치는 이번 행사는 그의 생각과는 다를 것이라는 점을 확신시켰고, 그의 말은 사실이었습니다.

거의 5만 명이나 되는 사람들이 콜로라도 대학의 폴솜 광장을 가득 채웠습니다. 그들은 함께 찬송을 하기도 하고, 환호성을 지르기도 했으며, 서로 손을 마주 치기도 했고, 스티브가 지금까지 경험했던 가장 즐거운 때보다 더 즐거운 시간을 가지고 있었습니다.

그 주말 동안, 스티브는 처음으로 종교와 진정한 기독교 신앙의 차이를 이해했습니다. 교회가 그렇게 따분했었던 것은 조금도 이상한 일이 아니었습니다! 그는 살아 계신 그리스도와 관계를 맺는 데 대해서는 전혀 알지 못했던 것입니다. 수양회가 끝나 갈 무렵, 스티브는 그리스도를 영접했고, 수양회에서 배운 것과 같은 새로운 사람이 되기로 결단을 내렸습니다. 스티브는 부푼 꿈을 안고 귀가했지만 어떻게 그런 삶을 살 수 있는지 그 방법은 몰랐습니다. 그러한 자기 생각을 친구 리치에게 이야기하자, 리치는 책 한 권을 주면서 읽어 보라고 했습니다. 그 책은 바로, 본서 **날마다 승리하는 삶**이었습니다.

스티브는 독서를 좋아하는 사람이 아닙니다. 그는 실제로 소설책을 제외하고는 책을 언제 읽었는지 기억이 나지 않을 정도였습니다. 친

구가 준 책의 첫 몇 페이지를 읽어 본 후 스티브는 이 책은 한 번 읽어 볼 만한 책일 뿐 아니라 그 내용을 실행해 옮겨야 할 필요가 있다는 것을 알았습니다. 그 결과, 그는 지금 그 프로그램을 실행하는 첫 시간을 갖기 위해 새벽 5시 45분에 비틀거리며 계단을 내려가고 있는 것입니다.

계단을 다 내려왔을 때 "나는 이 일을 할 수가 없어"라는 생각이 스쳐 갔습니다. 그런 생각에 의해 낙심할 겨를도 없이 "당연한 이야기지!"라는 또 다른 생각이 그의 의식 속에 메아리쳤습니다. 스티브는 씽긋 웃었습니다. 제대로 인식하기도 전에 그는 이미 단계 1을 밟았습니다. 그 책에 나오는 "난 할 수 없어" 이야기를 떠올리면서, 스티브는 마음속으로 이렇게 생각했습니다. "이건 놀라운 일이야! 지금은 새벽 5시 45분이고, 난 이미 좋은 출발을 했단 말이야." 커피를 끓이는 곳에 이르렀을 때는 그의 발걸음이 가벼워져 있었습니다.

"기도 의자"라 부르는 의자에 앉아 커피를 한 모금 마시고는, 그는 다음과 같이 짧게 기도했습니다.

주님, 저는 정말 이런 삶을 살 수가 없습니다. 그러나 저의 무능력함이 주님으로 하여금 능력 있게 제 삶 가운데 역사하시게 한다는 사실로 인해 감사드립니다. 이 아침에 저를 도와주옵소서. 이전에는 이런 시간을 가져 본 적이 없습니다.

성경을 집어 들었습니다. 그 성경은 친구의 권유로 산 것이었습니다. 속표지를 펼쳤습니다. 거기에는 **날마다 승리하는 삶**이란 책의 부록 부분을 오려 내어 테이프로 붙여 놓았습니다. 거기에는 7단계의 요약이 실려 있었습니다. 그는 단계 1을 올바르게 기억하고 있음을 확인할 수 있었습니다.

단계 1 - 자신의 필요를 인식함
하나님 아버지, 저는 영적으로 무능력하옵기에, 하나님께서 저의 삶에 함께해 주지 않으신다면, 하나님의 사람이 될 수가 없사옵나이다(요한복음 15:5).

다음 단계를 읽어 보고는 스티브는 다시 한번 빙긋이 웃었습니다. 이것은 그가 무능력해도 이날 하나님께서 원하시는 사람이 되기 위해 필요로 하는 모든 능력을 그리스도께서 가지고 계신다는 진리를 확인하는 단계였습니다. 그는 읽었습니다.

단계 2 - 하나님의 능력을 확신함
아버지 하나님, 하나님께서는 전능하십니다. 하나님만이 제가 하나님의 사람이 되게 하실 수 있사옵나이다(빌립보서 4:13).

하나님의 사람이 된다는 생각은 스티브에게는 낯설었습니다. 그는 언제나 자신을 평범한 사람이요 기껏해야 괜찮은 남자 정도로 생각하기를 좋아했습니다. 경건한 사람은 어떤 사람일까에 대한 그의 생각은 지난 2주 동안 획기적으로 바뀌었습니다. 그는 이제 자기가 실제로 하나님의 사람, 경건한 사람이 되고자 하는 열망을 가지고 있음을 알게 되었습니다. 하나님의 사람. 이러한 사람이 되고 싶었고, 이러한 사람이 되도록 그는 디자인되었고 만들어졌습니다. 그는 오직 하나님만이 자기가 하나님의 사람이 되도록 도우실 능력이 있다는 것을 알았습니다. 스티브는 다시 한번 다음과 같이 기도했습니다.

주님, 저는 이 두 번째 단계의 진리에 동의합니다. 제가 결코 행할 수 없는 것을 주님께서는 행하실 수 있다는 것을 압니다. 저

는 주님의 사람이 되고 싶습니다. 그리고 오늘 주님을 기쁘시게 해드리는 삶을 살고 싶습니다.

이 기도는 스티브가 세 번째 단계로 나아가게 해주었습니다. 그는 하나님께서는 능력을 지니고 계심을 알았습니다. 이제 그는 하나님의 능력을 힘입기 원했습니다. 눈길을 아래로 돌려, 그는 단계 3에 나오는 말들을 읽었습니다.

단계 3 - 성령의 능력을 힘입음
성령님, 오늘 성령님의 임재와 능력으로 저의 삶을 채워 주시옵소서. 오늘 제 안에서 저를 통하여 그리스도의 삶을 사시옵소서 (에베소서 5:18).

스티브는 사람들이 성령에 대해 이야기하는 것을 전에 들은 적이 있었습니다. 그는 성령에 관한 내용은 아주 혼란스럽고, 심지어 그리스도를 영접한 후에도 그렇다는 것을 깨달았습니다. 그러나 이 책을 읽다가 그는 그리스도를 따르기 원하는 사람의 매일의 삶에서 성령의 사역이 얼마나 중요한지를 이해하기 시작했습니다. 그는 아직 완전하게 이해하지는 못했지만, 그리스도께서 성령의 임재를 통해 자기 안에 거하신다는 것은 알게 되었습니다.

스티브는 자신의 왕좌에 대한 예화를 생각하는 것이 아주 도움이 된다는 것을 알았습니다. 그는 그리스도께서 그 왕좌에 계시기를 원했습니다. 그는 성령으로 "충만"해지는 것이 무엇을 의미하든, 이것이 그 문제의 핵심이라는 것을 알았습니다. 이를 위한 단계를 밟을 때였습니다. 스티브는 다시 한번 기도했습니다.

주 예수님, 오늘 저의 삶을 다스려 주옵소서. 저는 주님을 위해 살기를 원합니다. 성령의 임재와 능력으로 저를 채워 주옵소서. 오늘 제 삶의 왕좌에 주님께서 앉으시도록 초대합니다.

오전 6:00 - 커피 마시는 시간

스티브가 경건의 시간의 이 시점까지 이르렀을 때 그는 또 한 잔의 커피를 마실 필요가 있었습니다. 의자로 돌아오자마자 그는 성경을 읽면서 시간을 좀 보내기로 결심했습니다. 그 프로그램에서 이 부분은 비록 단계 6에 속해 있지만, 그때는 단계 4와 5는 밟을 필요가 없었습니다. 그러한 단계들은 가정이라는 보호된 환경을 떠나 도시의 "정글" 속에서 하루를 보내기 위해 나설 때 도움이 되는 단계들이라는 것을 알았습니다.

단계 6은 그리스도와의 관계에서 자라기 위한 노력을 포함합니다. 여기서는 영적으로 성장하기 위해 다양한 기본적인 훈련을 행하는 것이 필요했습니다. 실제로 스티브는 지난밤에 자명종을 맞출 때 이미 단계 6을 밟기 시작한 셈이었습니다. 그는 성경을 읽고 기도하는 데 시간을 보내기 위해 일찍 일어난 터였습니다. 이러한 생각이, 그가 단계 6의 다음과 같은 말을 읽을 때 머리 속을 스쳐 지나갔습니다.

단계 6 - 그리스도 안에서 자라 감
주님, 저는 기도, 성경공부, 그리고 그리스도인들과의 교제를 통해 주님과의 관계를 발전시키기 위해 노력하겠습니다. 저는 날마다 하나님의 뜻을 알고 행하기 위해 힘쓰겠습니다. 도와주옵소서 (베드로전서 2:2).

성경이라고 부르는 이 두꺼운 책에 어떻게 접근해야 할지 제대로

알지 못했던 스티브는 한 친구에게 어디서부터 시작하는 게 좋은지 물어 보았습니다. 그는 시편을 하루에 한 편씩 읽되 처음부터 읽도록 제안했습니다. 시편은 150편까지 있기 때문에 그는 5개월에 한 번씩 시편 전체를 읽게 될 것입니다. 오늘은 첫째 날인지라 시편 1편을 펼쳤습니다.

그 시편은 "복 있는 사람은…"이라는 말로 시작되었습니다. 비록 이 시편을 한 번도 읽어 본 적이 없었지만, 그는 이것이 자신을 위한 메시지라는 느낌이 들었습니다. 마음속 깊은 곳에서, 그는 만약 자신이 이 시편에서 말하고 있는 대로 행한다면 복을 받은 것이라고 누군가가 자기에게 말하고 있다는 느낌을 받았습니다. 스티브는 무엇이 이러한 내적인 느낌을 불러일으키는지 알지 못했습니다. 그 책에서, 하나님께서는 성경을 통해 우리에게 실제로 이야기하신다고 되어 있었는데 이런 것을 두고 하는 말인가 하는 생각이 들었습니다.

그는 읽어 나갔습니다.

> 복 있는 사람은
> 악인의 꾀를 좇지 아니하며…
> 오직 여호와의 율법을 즐거워하여
> 그 율법을 주야로 묵상하는 자로다.

스티브는 이 말씀을 몇 분간에 걸쳐 묵상해 보았습니다. 지금까지 그는 세상의 음성에 귀를 기울여 왔고 세상의 가르침에 따라 자신의 가치관과 우선 순위를 형성해 왔었습니다. 이러한 것이 시편 기자가 "악인의 꾀를 좇는 것"이라고 부르는 것임에 틀림없었습니다. 이제 그는 여호와의 율법을 "즐거워하기 위해" 새벽 5:45에 일어나고 있었습니다. 놀랍다는 생각이 들었습니다. 좋은 일이었습니다!

그 시편의 나머지 부분도 비슷한 방식으로 읽고, 스티브는 몇 분간 기도를 하기로 했습니다. 그는 그 책에서 보여 주는 대로 주기도의 요지를 기록해 두었었습니다. 오늘 그는 단지 천천히 그 일곱 요소를 따라 기도했습니다. 기도하는 가운데 그는 각 영역의 중요성을 깨달았고, 내일은 기도가 필요한 구체적인 항목들을 메모해 보기로 결심했습니다.

기도를 마치고 시계를 보았습니다. 6시 15분이었습니다. 출근 준비를 할 시간이었습니다.

오전 7:00 - 자동차로 직장으로 향함

사무실로 차를 운전해 가는 것은 언제나 간단한 일이 아니었습니다. 출근 시간에 오랜 시간 운전을 하다 보면 기분이 나빠지는 것은 흔히 있는 일이었습니다. 월요일은 대개 직장에서 힘든 일과가 기다리는 경우가 많았고, 도로의 분위기는 자기만 그렇게 느끼는 것이 아니라는 것을 입증하고 있었습니다. 그러나, 오늘 아침에는 스티브는 직장으로 차를 몰면서 콧노래를 부르고 있었습니다. "아주 멋있는 날이야!"라고 마음속으로 생각하고 있었습니다. 직장으로 가고 있다는 것 자체가 그를 즐겁게 하고 있는 것은 분명 아니었습니다. 자기가 그리스도와 교제를 하였고, 지금도 교제 가운데 있다는 것이 그를 즐겁게 하고 있었던 것입니다.

그때 갑자기 차 한 대가 그의 차 바로 뒤쪽의 차선으로 진입해 들어오더니 시끄럽게 경적을 울리는 것이었습니다. 그 순간 마음속의 평화는 갑작스럽게 깨어지기 시작했습니다. 백미러를 통해 뒷차 운전자의 화난 얼굴을 볼 수 있었습니다. 스티브는 이러한 상황에 대처하는 데는 숙달이 되어 있었습니다. 같이 화를 내는 것입니다. 그러나 오늘은 마음속에서 주도권 다툼이 시작되었습니다. 이 순간까지 스티브는

그 책에서 말하는 마음의 왕좌에 예수님께서 앉으시도록 해드렸다는 것을 알고 있었습니다. 이제 그는 자신의 자아가 그 왕좌를 도로 차지하고 거울에 보이는 그 운전자에게 어떤 반응을 보여야 할지를 주장하려고 하는 것을 느꼈습니다. 즉시 어떤 결정이 이루어져야 했습니다. "아닙니다! 저는 다시 왕좌를 차지하지 않겠습니다. 주님, 주님께서 계속 저를 다스려 주옵소서"라고 기도했습니다. 그는 거울을 들여다 보며 미소를 지었습니다. 그리고는 그는 뒷차의 운전자를 향해 은혜롭게 손을 흔들었습니다. 그랬더니, 그 운전자는 기분 나쁜 듯이 손가락질을 했습니다. 전에는 이런 상황에서는 스티브가 차에서 내려 다른 운전자의 얼굴을 향해 그렇게 손가락질을 한 적이 한두 번이 아니었습니다. 오늘은 그렇게 하는 대신, 자신이 즐거워하고 있다는 것을 알았습니다. 그리스도께서 다스리고 계셨고, 그것이 자아가 마음의 왕좌를 탈취하게 하는 것보다 훨씬 큰 즐거움을 안겨 주었습니다.

오전 8:00 - 사무실

대부분의 남성들에게 있어서 직장은 그리스도인의 삶을 살도록 부름받은 주된 장소입니다. 어떤 사람들은 출근하는 순간 그리스도와의 관계에서는 퇴근해도 좋다는 잘못된 사고 방식을 가지고 있습니다. 스티브는 어떻게 사무실에서 이 새로운 삶을 살 수 있을지 염려가 되었습니다.

나는 스티브의 직업이 무엇인지는 밝히지 않기로 했습니다. 이는 당신이 자신의 직업은 근본적으로 스티브와는 다르다고 생각하며, 그의 경험 가운데 어떤 것은 당신에게는 해당되지 않는 것으로 간주할 가능성이 있기 때문입니다. 오늘날, 스티브는 모든 부류의 사람들을 대표합니다. 그의 어려움이 당신의 어려움입니다. 그의 승리는 또한 잠재적으로 당신의 승리입니다. 당신의 "사무실"이 트럭이거나 혹은

건설 현장일 수도 있지만, 부딪치는 문제들은 거의 비슷합니다. 스티브가 어떻게 그 문제들을 다루어 가는지 살펴봅시다.

사무실에 도착하자마자, 스티브는 즉시 두 가지의 도전에 직면했습니다. 첫 번째는 루쓰 밀러 씨로 인한 것이었습니다. 밀러 씨는 초창기부터 오랫동안 사장의 개인 비서로 일해 왔습니다. 그녀는 사원들이 문을 열고 사무실로 들어서면 제일 먼저 만나는 사람인데, 그것은 늘 불쾌한 경험이었습니다. 직원들이 출근하는 것을 감시하는 그녀의 표정은 기분 나쁜 것이어서 속이 뒤틀리게 하곤 했습니다. 과연 예수님께서는 밀러 씨와의 관계를 어떻게 다루실 것인가?

스티브는 보통 밀러 씨를 못 본 체하고 지나갔습니다. 이러한 교묘한 모욕은 오래 전부터 습관이 되다시피 한 터였습니다. 오늘 아침에는 밀러 씨의 책상 앞으로 곧장 걸어가 걸음을 멈추고 미소를 지으며 "안녕하십니까?"라고 인사를 했습니다. 밀러 씨는 놀란 표정을 지었습니다. 그러나 그는 밀러 씨의 놀란 표정을 보려고 뒤돌아보지 않고, 계속 걸어갔습니다. 첫 번째 장애물을 은혜로 통과하다!

두 번째 장애물은 쉽지 않은 것이었습니다. 그는 직장으로 차를 운전해 가면서 셜리에 대해 생각하고 있었습니다. 수양회에서 예수님을 영접하기 전까지만 해도 그녀에 대한 그리 순결하지 못한 생각을 하곤 했습니다. 셜리는 그야말로 매력적인 아가씨였습니다! 그녀는 6개월 전부터 사무원으로 일해 오고 있었는데, 그녀의 책상은 그의 자리로 가는 도중에 자리잡고 있어서 하루에도 몇 번이고 그녀를 만나야 했습니다. 그는 아내 몰래 바람을 피운 적은 한 번도 없었지만, 마음속으로는 그런 생각을 많이 했습니다.

수양회에서 성령께서는 마음으로 하는 간음도 죄라는 것을 분명하게 깨닫게 해주셨습니다. "여자를 보고 음욕을 품는 자마다 마음에 이미 간음하였느니라"(마태복음 5:28). 그는 그 죄를 자백하고 회개했습

니다. 셜리에 대한 공상이 아내와의 관계에 해를 끼친다는 것을 알고 있었던 그는 그 수양회에서 정절(貞節)을 잘 지키기로 다짐했습니다. 외적인 정절만이 아니라, 마음과 영혼의 정절을 위해. 드디어 테스트를 받을 순간이 도래했습니다.

셜리의 책상 앞으로 가까이 가면서 스티브는 "주님, 제가 올바로 행하도록 도와주옵소서"라고 기도했습니다. 그는 미소를 지으며 "셜리 양, 잘 지냈어요?"라고 인사했습니다. 그는 또한 남자들이 당하는 이러한 특별한 싸움을 위해 친구가 자기에게 암송하도록 권한 구절을 암송했습니다. "내가 내 눈과 언약을 세웠나니, 어찌 처녀에게 주목하랴"(욥기 31:1). 그는 문득 자신이 이전에는 셜리와 그리고 다른 여성들을 인격을 가진 사람이 아니라 무슨 물체로 여겼다는 것을 깨달았습니다. 그는 이전에도 그런 이야기를 들은 적이 있었지만, 이제는 그 의미를 깨닫게 된 것입니다. 자기 자리로 향하면서 그는 셜리를 위해 간단히 기도했습니다. 두 번째 장애물, 무사 통과!

오전 10:30 - 회의

매주 월요일 아침에는 스티브가 싫어하는 간부 회의가 있었습니다. 그가 좋아하는 것은 사무실에 가서 당면한 업무에 몰두하는 것이었습니다. 회의라는 게 회사의 전체 목표를 위해서는 중요하다는 것을 알고 있지만, 그는 여전히 회의가 좌절감을 안겨 주기도 하고 때때로 비생산적이라고 생각되었습니다. 또한 그가 회의를 좋아하지 않는 것은 몇몇 동료들이 마음에 들지 않았기 때문이기도 했습니다.

간부 회의는 대개 비슷한 방식으로 진행되었습니다. 프랭크 사장이 회사의 상황과 이번 주의 긴급한 현안들에 대한 간단한 설명을 하고 나서 테이블을 돌며 각 부서의 장들에게 각자가 책임 맡은 분야의 근황에 대해 질문을 했습니다. 딕 스미스가 보고할 차례가 될 때까지는

회의가 순조롭게 진행되었습니다.

딕은 스티브와 잘 맞지 않는 사람이었습니다. 여러 부서 사이에는 건전한 경쟁이 이루어지고 있었지만, 때때로 그것이 건전치 못한 시샘으로 전락하기도 했습니다. 딕과 스티브는 자신들의 여러 책임 분야에서 가끔 알력이 있어 왔습니다. 스티브는 오늘 일어날 일에 대해서는 전혀 준비가 되어 있지 않았습니다.

"저는 오늘 아침 껄끄러운 문제 하나를 거론하고 싶습니다"라고 딕이 입을 열었습니다.

"말해 보십시오"라고 프랭크 사장이 대답했습니다.

"저와 몇몇 부서의 장들은 한 부서가 나머지 부서들에 폐를 끼쳐 가면서까지 회사의 관심과 에너지를 독점하다시피 하고 있는 것에 대해 요즘 우려를 금치 못하고 있습니다. 우리는 스티브 씨가 이제는 다소 통제 불능 상태가 되고 있음을 느낍니다. 그의 부서가 서류상으로는 실적이 좋기는 해도, 그의 태도와 지나치게 적극적인 성격이 다른 부서들의 목표 수행 능력에 해를 끼치고 있다고 생각합니다."

스티브는 어안이 벙벙해서 앉아 있었습니다. 그는 자기 자리를 아주 탐내는 그 사람으로부터 느닷없는 공격을 받곤 했습니다. 그 사람이 그 회의에 참석하고 있었습니다. 딕의 부서는 그 회사에서 가장 실적이 좋지 않은 곳이었고, 스티브의 부서는 가장 실적이 좋은 곳 가운데 하나였습니다. 지금 딕은 자기의 형편없는 실적을 스티브의 탓으로 돌리고 있었습니다. 속에서 분이 끓어오르기 시작했습니다.

딕은 계속 말을 이었습니다. "우리는 한 팀이 되도록 되어 있습니다. 그런데 나머지 사람들은 한 손을 뒤로 묶인 채로 일하느라 애쓰고 있는 동안, 한두 명의 까다로운 주인공들이 잘 보이려고 터무니없을 정도로 엄청난 양의 회사의 자원들을 사용하도록 허락되어서야 어찌 한 팀이 될 수 있겠습니까? 회사의 전체 이익을 위해 누군가가 이런

상황을 종식시켜야 할 때입니다."

"까다로운 주인공들… 잘 보이려고… 터무니없을 정도로 엄청난 양…" 이러한 말들이 마치 면도날처럼 마음을 도려내는 것 같았습니다. 내적 분노는 끓어올라 폭발점에 이르렀고, 육신이 왕좌로 달려가 그리스도께서 물러나시게 했습니다. 무슨 일이 일어나고 있는지 그 자신도 알기 전에 험한 말들이 스티브의 입으로부터 쏟아져 나오고 있었습니다. "당신 상당히 무능한 사람이군! 당신이 사장님께 잘 보이기 위해 쏟는 정열을 업무에 쏟았다면 당신 부서는 우리 부서만큼 좋은 실적을 거두었을 것이오!"

이 모든 것은 자기도 모르는 사이에 일어났습니다. 놀라운 것은, 그가 테이블을 둘러보니 아무도 놀라거나 당황해하는 것 같지가 않았다는 것입니다. 이윽고 이해가 되었습니다. 그는 늘 그런 식으로 대꾸했던 것입니다. 방에 앉아 있는 그 사람들이 보기에는 아무것도 바뀌지 않았습니다. 그러나 스티브는 알고 있었습니다. 그는 주말 내내 그리스도와 동행해 왔었습니다. 그날 아침도 그가 성령 안에서 행함에 따라 훌륭하게 시작되었습니다. 그러나, 회의 도중 그는 누가 자기의 마음의 왕좌를 차지하고 있는지를 알았습니다. 그는 재빨리 육신을 좇아 행하는 쪽으로 옮아갔던 것입니다.

정오 - 점심 시간

간부 회의의 나머지 시간은 별탈 없이 진행되다 끝났습니다. 딕은 스티브의 공격에 대해 자신의 상처받은 감정으로 대응했습니다. 회의는 끝나고 스티브는 사무실로 돌아왔습니다. 자기의 스케줄을 보니, 점심 시간에 별다른 계획이 없어서 기뻤습니다. 그에게는 그 시간이 필요했습니다. 그는 비서를 불러서 자기가 점심 시간에 1시간 반 정도 자리에 없을 것이라고 일러 주었습니다.

사무실에서 그리 멀지 않은 곳에 산 경치가 좋고 조용한 공원이 있었습니다. 스티브는 그 공원으로 가서 산이 잘 보이는 장소에 있는 한 나무에 기대고 앉았습니다. 무엇이 잘못되었지? 그는 기도했습니다. "주님, 저는 완전히 망친 것을 알고 있습니다. 그리고 저는 심지어 무슨 일이 일어났는지도 확실히 알 수가 없습니다. 저는 이 문제를 해결하고 다시 원상 복귀하고 싶으나 그렇게 할 만한 능력이 제게는 없습니다." 마음속 깊은 곳에서 뚜렷한 느낌이 느껴지기 시작했습니다. 그것은 "그렇고 말고!"라고 말해 주는 것 같았습니다.

단계 1로 돌아왔습니다. 그는 "나는 할 수 없다! 나는 하나님을 떠나서는 무능력하다. 하나님께서 개입하시지 않으면 나는 아무 가망이 없다"라는 사실을 기억했습니다. 재빨리 그는 단계 2와 3으로 옮아 갔습니다. "주님, 주님께서는 하실 수 있습니다! 주님께서는 저를 다시 회복시킬 수 있습니다. 성령님, 다시 한번 제 안에 충만하옵소서."

성경의 표지를 열고 스티브는 단계들에 대한 요약을 살펴보았습니다. 이제 그는 단계 4와 5를 필요로 했습니다. 사실상, 단계 4에 앞서 단계 5가 필요한 것 같았습니다. 육신으로 되돌아옴과 아울러 그는 태도와 행동과 의도에 있어서 하나님의 법을 범했다는 것이 분명했습니다. 그래서 그리스도의 깨끗케 하는 능력을 힘입는 것이 필요했습니다. 그는 단계 5의 말들을 읽었습니다.

단계 5 - 영적으로 깨끗케 함
주 예수님, 저는 주님의 은혜와 용서를 끊임없이 필요로 합니다. 오늘도 제가 주님께 정직하도록 도와주소서. 저는 자백하고, 회개하며, 필요한 경우에는 보상을 하도록 하겠습니다(요한일서 1:9).

알지 못하는 가운데 스티브는 그리스도께 다시 의탁하기 위한 매우 간단하고 효과적인 단계를 밟았습니다. 그는 성경의 영감과 권위를 믿게 되었습니다. 그는 성경이 말하고 있는 바는 무엇이든 믿었습니다. 이러한 것은 바로 이러한 순간에 특히 도움이 되었습니다. 많은 사람들이 스티브가 경험한 것과 같은 실패를 경험한 후에는 죄책감을 느끼고 그리고 영적으로 침체됨으로 교묘한 형태의 자기 속죄를 행하는 경향이 있습니다. 믿음으로 말미암아, 스티브는 단순하게 그 단계를 밟았고 또한 깨끗케 됨을 믿었습니다.

"예수님, 저는 죄를 범했습니다. 주님께서 저를 위해 죽으신 것을 믿고 감사드립니다"라고 그는 기도했습니다. 고개를 들어 먼 곳에 있는 산들을 바라보았습니다. 문득 "내가 산을 향하여 눈을 들리라"라는 말씀이 떠올랐습니다. 그는 그 말이 성경 어딘가에 있다는 것을 알았고, 그 순간 그 다음 말씀이 기억났습니다. "나의 도움이 어디서 올꼬?" 그는 하나님께서 성경 말씀을 통해 자신에게 말씀하고 계심을 알았습니다.

> 주님, 제가 분노를 폭발시킨 것이 죄임을 고백합니다. 제가 잘못을 행하였을 뿐 아니라, 저는 또한 잠시 동안 제 삶의 왕좌를 탈취하였음을 알고 있습니다. 주님께서 용서하여 주옵소서. 주님께서 십자가에서 죽으실 때 제가 그 회의에서 범한 죄에 대한 대가까지도 치러 주신 것을 감사드립니다. 주님, 저를 깨끗케 하여 주옵소서.

단계 5를 밟고 나서 스티브는 단계 4로 주의를 돌렸습니다. 그는 그 단계를 밟는 글을 읽었습니다.

단계 4 - 그리스도의 주재권을 유지함
주 예수님, 저는 기꺼이 제 삶의 왕좌를 포기하옵나이다. 예수님께서 제 삶의 주님으로서 저를 다스려 주시옵소서(베드로전서 3:15).

그는 이 책에 나오는 왕좌 예화 그림을 7단계 요약 페이지에 그려 놓았습니다. 그는 이러한 도구들이 반복해서 필요할 것이라는 사실을 알고 있었습니다. 분노를 터뜨린 것으로 인해 자기가 어느 그림으로 옮아 갔는지는 말할 필요도 없었습니다. 그리고 어느 그림이 자신의 삶을 나타내기를 원하는지는 말할 필요가 없었습니다. 다시 한번, 스티브는 믿음으로 기도했습니다. "주 예수님, 저는 죄를 지음으로 주님께서 제 삶의 왕좌에서 물러나시게 했습니다. 저는 기꺼이 그 왕좌에서 내려오겠으며, 주님께서 다시 저의 삶을 다스려 주시기를 원하옵니다. 오후 시간에는 주님께서 제 안에서 저를 통해 주님의 삶을 사시기를 원하옵니다."

스티브는 옛 사람에게 패배하여 공원으로 갔습니다. 그는 그리스도의 은혜로 말미암아 새 사람으로 회복되어 공원으로부터 돌아오고 있었습니다. 조심하는 마음으로, 그리고 감사를 느끼면서 그는 다시 사무실로 향했습니다.

오후 2:00 - 오후 근무

오후에는 별 어려움 없이 지내고 있었습니다. 대부분의 시간은 일에 빠져 있었습니다. 아침에 간부 회의에 시간을 들였기 때문에 월요일 오후에는 늘 일이 바빴습니다. 일을 하고 있는데 뭔가 잊어버렸거나 해야 할 어떤 것이 남아 있는 것 같은 불편한 느낌이 들기 시작했습니다. 그가 생각하기로는, 모든 단계를 밟았고, 그리스도께서는 주

님으로서 왕좌를 지키고 계셨습니다. 오후 시간이 흘러갈수록 내적으로 불편한 마음은 점점 심해 갔습니다. "주님, 무슨 일입니까? 제가 잊어버린 것이 있습니까?" 그는 마음속으로 기도했습니다.

이 기도를 끝낸 직후 무슨 일로 딕의 사무실 곁을 지나가게 되었습니다. 그때 그는 자신에게 있는 잘못을 분명히 깨달았습니다. 바로 그것이었습니다. 그는 자백하고, 회개했으며, 그리스도께 왕좌를 내어 드렸습니다. 그러나 그가 미처 생각지 못했던 것은 관계 회복이라는 문제였습니다. 딕과의 일은 마무리하지 않았던 것입니다.

딕의 사무실을 노크하는 것은 가장 어려운 순종의 단계였습니다. 감정적으로는, 그는 이렇게 하는 것을 원치 않았습니다. 그러나 마음 깊숙한 곳에는, 그렇게 해야 한다는 목소리가 있었습니다.

"들어오십시오." 사무실 안쪽에서 음성이 들려 왔습니다.

문을 열고 들어서니 딕은 놀라면서 한편으로는 의심하는 듯한 표정을 지었습니다. 스티브가 기억하기로는, 그는 과거에 한 번도 딕의 사무실을 방문한 적이 없었습니다.

"잠시 이야기를 좀 나눌 수 있겠습니까?" 스티브는 부드러운 음성으로 물었습니다.

"앉으시죠." 딕은 자리를 권하면서도 여전히 경계의 빛을 감추지 않았습니다.

마음속으로, 스티브는 미친 듯이 기도하고 있었습니다. "주님, 도와주옵소서. 저는 할 수 없습니다. 그러나 주님께서는 하실 수 있습니다. 도와주옵소서."

스티브는 입을 열었습니다.

"오늘 아침에 있었던 일에 대해 이야기를 좀 나누고 싶습니다." 그는 침착하게 말을 이어 나갔습니다. "내가 한 말은 온당치가 못했습니다. 사과를 드립니다. 용서해 주시기 바랍니다." 스티브는 자신이 금방

한 말을 자신도 믿기가 어려웠습니다. 아침에 욕설을 퍼부을 때만큼이나 그 말은 자연스럽게 나왔습니다. 그러나 이번에는 그 말이 옛 성품이 아니라 새 성품으로부터 나오는 말이었습니다. 그가 기억하기로는, 누군가에게 용서를 구해 본 적이 과거에는 한 번도 없었습니다.

딕은 할 말을 잃고 앉아 있었습니다. 그는 어떻게 반응을 해야 할지 몰랐습니다. 잠시 말이 없다가 그는 "당신 무엇이 잘못된 것 아닙니까?"라고 불쑥 내뱉었습니다. 그것은 깊이 생각한 질문은 아니었습니다. 그것은 스티브의 말에 충격을 받아 나온 말이었습니다.

스티브는 웃었고, 긴장은 깨어졌습니다. "천만에요. 나는 내가 그때 어리석은 행동을 했고, 용서를 구해야 할 필요가 있다는 것을 알게 되었습니다."

"그건 당신 스타일이 아닌데요"라고 딕이 말했습니다.

"아마 그럴 겁니다. 나는 이제 내 스타일을 좀 바꾸려고 합니다."

그때 갑자기 또 다른 내적 충동이 일기 시작했습니다. 스티브는 그 수양회와 그리스도에 대한 자신의 새로운 결단에 대해 딕에게 이야기해야 한다는 생각이 들었습니다. 일련의 단어들이 그의 마음속을 스쳐 지나갔습니다. 사각형 4가 사각형 3을 침투… 사역!… 증인!… 딕에게?… 어림없는 일!… 어째서?… 아니야!!!

점점 더 그 생각은 강해지고 있었습니다! 내적으로, 조그만 전쟁이 벌어지고 있었습니다. 스티브는 자신의 믿음을 나누라는 재촉을 마음속으로 받고 있었습니다. 그러한 재촉과 함께 분명한 저항도 있었습니다. 새로운 단어들이 마음속의 스크린에 비쳤다가 사라졌다 했습니다. 딕은 안돼… 그가 어떻게 생각할까?… 그가 다른 사람들에게 뭐라고 말할까?… 그리고 사장님께는 뭐라고 말씀드릴까?

이러한 생각들이 그의 머리 속을 스쳐 지나가는 동안 그는 자신의 심장이 더 자주 뛰고 그리고 아드레날린이 분비되기 시작하는 것을

느낄 수 있었습니다. 도망할 것인가, 아니면 도전해 볼 것인가? 선택이 이루어져야 했습니다. 스티브는 싸우는 전사(戰士)였습니다. 하나님께서 그를 그렇게 만드셨습니다. 그는 기억했습니다. 사각형 1은 사각형 4의 사역과 증거에 저항한다. 나는 그것을 극복해야 한다!

"딕, 당신은 예수 그리스도에 대해 좀 알고 있습니까?" 그는 자신이 그런 말을 꺼냈다는 것이 믿기지 않았습니다. 그러나 딕의 표정을 보니 보람이 있었습니다.

"아, 물론이죠. 조금도 모르는 사람이 어디 있겠습니까?" 딕은 약간 어리둥절해하며 대답했습니다.

"아니, 내 말은 당신이 개인적으로 진정으로 예수님에 대해 알고 있느냐는 말입니다"라고 스티브가 말했습니다.

"나는 당신이 무엇을 묻는지 분명하게 알 수는 없군요"라고 딕이 대답했습니다.

"나도 내가 예수님에 대해 알고 있다고 생각했지요. 적어도 나는 하루에도 몇 번씩은 그분의 이름을 입에 올렸고, 그래서 당신도 아마 내가 예수님과 긴밀한 관계를 맺고 있는 것으로 알았을 것입니다. 하지만, 나는 최근에 내가 예수님이 누군지에 대해 전혀 모르고 있었다는 것을 깨달았습니다"라고 스티브는 힘주어 말했습니다.

"당신이 무슨 종교 행사에 갔다는 소문을 듣긴 했습니다만" 하고 딕이 말했습니다.

어떻게 그것을 알았을까? 스티브는 의아했습니다. "그것을 종교적인 것이라고 할 수 있을지는 모르겠군요. 나는 수양회에 참석했고 예수님은 종교에는 전혀 관심이 없으시다는 것을 들었습니다"라고 스티브는 말을 이었습니다.

"무슨 이야깁니까?"라고 딕이 물었습니다.

"나는 늘 기독교도 하나의 종교라고 생각했지요. 그리고 기독교란

오직 내가 즐기는 모든 것을 하지 못하게 하는 그런 것이라고 생각했답니다. 그 수양회에서 나는 기독교는 예수 그리스도를 통해 살아 계신 하나님과 관계를 맺는 것이라는 것을 배웠습니다"라고 스티브가 자신의 믿는 바를 나누었습니다.

딕은 멍한 표정을 지었습니다. 스티브가 보기에 그에게는 금방 들은 말이 무슨 외국어처럼 들린 것 같았습니다. 약간 물러서야 할 때라고 느껴졌습니다.

"그건 그렇고… 나는 이런 이야기로 당신을 성가시게 하려고 온 것은 아닙니다. 아침의 그 일에 대해 진정으로 당신의 용서를 구하고 싶습니다. 나를 용서해 주겠습니까?"라고 스티브가 물었습니다.

"물론입니다. 어찌 되었건, 나도 마찬가지로 어리석은 행동을 했었지요"라고 딕이 대답했습니다.

"당신이 그리스도에 대해 좀더 알기를 원한다면, 언제든지 이야기해 주십시오"라고 스티브가 제안했습니다.

딕의 사무실을 나올 때 그는 날아갈 듯한 기분이었습니다. 그는 자신의 힘으로는 도저히 할 수 없는 두 가지 일을 방금 행한 것입니다. 그는 수년 동안 경멸해 온 한 사람과 관계를 회복했고, 뿐만 아니라 실제로 그는 단계를 7을 밟기까지 한 것이었습니다. 단계 7에 있던 말이 머리 속을 스쳐 지나갔습니다. "내 증인이 되리라." 그 말씀의 장절을 기억해 낼 수가 없어서 즉시 사무실로 가서 그것을 찾아보았습니다. 그는 너무나 신이 난 나머지 오는 길에 셜리가 있다는 것도 몰랐습니다.

성경을 열어 그 요약 페이지를 폈습니다. 그리고는 읽었습니다.

단계 7 - 하나님의 나라를 위해 일함

주 예수님, 주님의 은혜와 도우심으로 제가 가정과 이웃과 직장

과 그리고 세상에서 주님의 증인이 되기 원하옵나이다. 오늘 저를 통해 주님의 삶을 사시옵소서(사도행전 1:8).

대단한 일이었습니다! 하나님의 나라를 위하여 방금 씨앗 하나가 심겨졌습니다. 스티브는 잠시 멈추고 조용히 기도했습니다.

주님, 딕을 위해 기도합니다. 제가 방금 그와 나눈 대화를 사용하셔서 그가 주님에 대해 관심을 갖게 해주시옵소서. 제가 언제 그와 좀더 대화를 나누어야 할지를 알게 해주옵소서. 제가 딕을 주님께로 인도하게 도와주셔서 주님께 영광을 돌리게 해주소서.

오후 5:00 - 귀가

집을 향해 사무실을 나설 무렵에는 힘이 다 빠진 듯한 느낌을 받았습니다. 큰 성공과 큰 실패를 경험했기에 감정적 에너지의 소모가 많았던 하루였습니다. 그는 밀린 일을 처리하느라 오후 내내 정신없이 일했습니다. 보통 때 같으면, 집으로 가면 저녁 식사 전까지 긴장을 풀고 편히 쉬는 것이 통례였습니다.

그가 차를 몰아 모퉁이를 돌자 아들 보비가 집 앞에 있는 것이 보였습니다. 보비는 집 벽을 향해 야구공을 던져 튕겨 나온 공을 글러브로 잡곤 하면서 놀고 있었습니다. 차고를 향해 차를 모는데, 그 책에서 우선 순위를 다루는 부분에 있었던 말이 생각났습니다. 이런 말이었습니다. "집으로 돌아올 때 실제로는 그날의 가장 중요한 일이 시작되고 있다."

차의 속도를 줄이면서 그는 어린 아들의 표정을 살펴보았습니다. 함께 놀아 줄 사람을 아쉬워하는 기색이 역력했습니다. 어떻게 그는 그 동안 그렇게 장님이었는지! 날이면 날마다 그는 집에 돌아오면, 아

들이 필요로 하는 것에는 무관심한 채, 신문을 보거나, 잡지를 뒤적이고, 그렇지 않으면 텔레비전 앞에 앉아 있었습니다. "주님, 용서해 주옵소서. 저는 바보였습니다."

차를 차고에 주차시키자마자 그는 집밖으로 나갔습니다. "보비야, 아빠가 캐치볼을 함께 해줄까?"라고 말했습니다. 아들의 얼굴이 환해졌습니다.

"아빠, 정말이야?" 보비가 물었습니다.

그 말이 가슴에 와 박혔습니다. 보비는 아빠가 자기와 놀아 주기 위해 시간을 낼 것이라고는 믿지 못하고 있는 것입니다.

"정말이고 말고!"

잠시 후, 스티브의 아내가 문을 열고 나오더니 무슨 일이 생겼는지 살펴보았습니다. 남편의 차가 차고로 들어가는 소리를 들었고, 그렇다면 그 다음에 남편이 행하는 판에 박힌 듯한 행동이 무엇인지 그녀는 알고 있었기 때문입니다. 아버지와 아들이 캐치볼을 하고 있는 것을 보았을 때, 그리고 아들의 얼굴빛을 보았을 때, 그녀는 놀라지 않을 수가 없었습니다. 스티브에게 변화가 일어나고 있었고, 그것은 환영할 만한 변화였습니다.

오후 7:00 – 집에서의 저녁 시간

저녁 식사는 즐거웠습니다. 스티브는 아내와 아이들에게 오늘 그 7단계를 처음으로 실행해 보았던 이야기를 해주었습니다. 스티브의 아내는 딕에 대한 이야기를 들으면서 웃어야 할지 울어야 할지 몰랐습니다. 또한 그녀는 남편의 사무실을 방문했을 때 셜리를 보았는데, 남편이 그렇게 매력적인 아가씨와 날마다 마주쳐야 한다는 것이 여간 신경이 쓰이지 않았습니다. 스티브가 솔직하고 또한 이성에 대해 올바른 태도를 가지려고 노력하는 것을 보고 그녀는 안도의 한숨을 쉬

없습니다. 두 사람 사이의 마음의 교류는 원만했습니다. 스티브는 스스로도 달라지고 있다고 느꼈습니다.

자녀들에 대해서도 뭔가가 달라졌습니다. 무어라고 말할 수는 없지만 가족 전체가 보다 더 하나로 뭉쳐진 것 같았습니다. 식사 후에 그는 아내와 함께 산책을 나갔습니다. 그들은 두 사람 간의 관계에 대해 이야기를 나누고, 어떻게 하면 그 관계를 더 우선 순위에 둘 수 있을지에 대해서도 의견을 나누었습니다. 그들은 함께 대화하고 웃었으며, 근래에 보기 드물게 서로를 즐거워했습니다. 스티브의 아내는 주말 수양회 이래로 자신이 관찰할 수 있었던 그의 변화에 대해 격려해 주었습니다. 그녀는 또한 자기도 그 책 **날마다 승리하는 삶**을 읽어도 되는지 물었습니다. 그는 그녀에게도 자신에게만큼이나 그 책이 도움이 될 것 같다고 했습니다.

산책에서 돌아온 스티브와 그의 아내는 아이들을 재우기 위한 준비에 들어갔습니다. 스티브는 이 시간을 이용하여 자녀들에게, 그가 지난 수년 동안 등한히 해온 영적 인도자로서의 역할을 수행하기로 결심했습니다. 그는 자녀들을 주일학교에 보내 놓고는 자기는 집에 머물면서 텔레비전의 스포츠 중계나 보곤 했었습니다. 그러나, 그는 이제 하나님의 사람이 되려면 그의 가족들을 영적으로 이끄는 데도 주도권을 쥐어야 한다는 것을 알게 되었습니다.

그는 딸 사라를 보비의 방으로 불렀습니다. 그리고는 두 아이에게 "오늘 밤에는 아빠가 너희들에게 성경 이야기를 읽어 주려고 하는데 어떻겠니?" 하고 물었습니다.

아이들은 이구동성으로 "야!" 하고 외쳤습니다.

스티브는 아이들이 주일학교에서 받아 온 어린이용 성경에서 요한복음 한 장을 읽어 주었습니다. 약간의 두려움과 흥분이 교차되었습니다. 읽기를 마친 후에 그는 사라를 그 애의 방으로 보내면서 잠시

후에 그 방에 가겠다고 약속을 해주었습니다. 그리고 나서 보비의 침대 곁에서 아들의 손을 잡고 무릎을 꿇고 그 애를 위해 기도해 주었습니다. 기도를 마치고 사라의 방으로 가서 그 애를 위해서도 기도해 주었습니다. 그것은 조그만 발걸음으로 보이지만, 그럼에도 자녀들과 함께 이런 시간을 갖는다는 것 자체가 그에게 심오한 만족감을 안겨 주었습니다.

아이들이 잠자리에 들자 온 집안은 쥐죽은 듯이 고요했습니다. 그 날 하루 동안에 일어났던 일들을 돌이켜 보면서, 그는 이 날이 자기 생애에 있어서 기억될 만한 아주 중요한 날이었다고 생각했습니다. 그는 수양회에서 한 결심을 매일의 삶에서 실행에 옮기기 위해 일곱 단계들에 포함되어 있는 영적인 원리들을 활용해 왔습니다. 모든 일은 잘되었습니다. 심지어 직장에서 분노를 발한 것도 영적인 삶의 중요한 일면을 배우는 데 도움이 되었습니다. 그는 효과가 있는 프로그램을 발견했고, 그 프로그램을 실행해 온 것입니다.

저녁 10:30 - 취침 시간

잠자리에 들면서 스티브는 아내에게 잘 자라고 했습니다. 그녀는 의식이 반쯤 희미해진 상태에서 미소로 응답했습니다. 그는 베개를 베고 그날 있었던 일들을 마지막으로 다시 한번 죽 생각해 보았습니다. 계속 이런 삶을 살 수 있을까? 확실히 알 수가 없었습니다. 그러나 분명한 것은, 그런 삶을 살기 위해 최선을 다할 만한 가치가 있다는 것이었습니다. 그 열쇠는 무엇이었는가? 일어났던 일들을 죽 돌이켜 보니, 그는 그리스도께서 자기 안에서, 그리고 자기를 통해 일하셨다는 것을 알 수 있었습니다. 그것이 바로 열쇠였습니다. "나는 할 수 없다. 그러나 주님은 하실 수 있다!" 그는 "그 말은 정말이었어"라고 생각했습니다.

탁상 시계를 바라보았습니다. 자명종은 아침 5:45에 울리도록 맞추어져 있었습니다. 손을 뻗어 시계를 잡았습니다. 미소를 지으면서 자명종을 다시 맞추었습니다. 아침 5:40으로. 그는 불을 끄고 잠을 청했습니다.

부 록

단계 1 - 자신의 필요를 인식함
하나님 아버지, 저는 영적으로 무능력하옵기에, 하나님께서 저의 삶에 함께해 주지 않으신다면, 하나님의 사람이 될 수가 없사옵나이다(요한복음 15:5).

단계 2 - 하나님의 능력을 확신함
아버지 하나님, 하나님께서는 전능하십니다. 하나님만이 제가 하나님의 사람이 되게 하실 수 있사옵나이다(빌립보서 4:13).

단계 3 - 성령의 능력을 힘입음
성령님, 오늘 성령님의 임재와 능력으로 저의 삶을 채워 주시옵소서. 오늘 제 안에서 저를 통하여 그리스도의 삶을 사시옵소서(에베소서 5:18).

단계 4 - 그리스도의 주재권을 인정함
주 예수님, 저는 기꺼이 제 삶의 왕좌를 포기하옵나이다. 예수님께서 제 삶의 주님으로서 저를 다스려 주시옵소서(베드로전서 3:15).

단계 5 - 영적으로 깨끗케 함
주 예수님, 저는 주님의 은혜와 용서를 끊임없이 필요로 합니다. 오늘도 제가 주님께 정직하도록 도와주소서. 저는 자백하고, 회개하며, 필요한 경우에는 보상을 하도록 하겠습니다(요한일서 1:9).

단계 6 - 그리스도 안에서 자라 감
주님, 저는 기도, 성경공부, 그리고 그리스도인들과의 교제를 통해 주님과의 관계를 발전시키기 위해 노력하겠습니다. 저는 날마다 하나님의 뜻을 알고 행하기 위해 힘쓰겠습니다. 도와주옵소서(베드로전서 2:2).

단계 7 - 하나님의 나라를 위해 일함
주 예수님, 주님의 은혜와 도우심으로 제가 가정과 이웃과 직장과 그리고 세상에서 주님의 증인이 되기 원하옵나이다. 오늘 저를 통해 주님의 삶을 사시옵소서(사도행전 1:8).

예수님과 함께 가는 제자의 길

로이 로버트슨 저

높은 산에 올라가 본 적이 있습니까?

골짜기를 지나 가파른 길을 오르며, 산등성이를 타고 꼭대기로 올라갈수록 점점 더 장엄한 광경이 펼쳐지는 것을 볼 수 있습니다. 비록 올라가는 길에는 어려운 고비가 곳곳마다 도사리고 있지만, 올라가면 올라갈수록 산 아래에서는 상상조차 할 수 없었던 놀라운 모습을 보게 됩니다.

제자의 도는 높은 산을 오르는 것과도 같습니다. 한 단계 한 단계 진행할수록 이전에는 깨닫지 못했던 새로운 기쁨을 발견하는 흥미진진한 모험입니다. 자신의 힘으로 혼자서 오르는 것이 아니라 주님과 함께 주님의 능력으로 오른다는 점이 제자의 도의 특징이기도 합니다.

본서는 주님과 함께 평생 동안 제자의 길을 걸어온 한 베테랑 선교사의 경험에서 비롯되었습니다. 한 단계 한 단계 주님을 의지하며 올라가는 제자의 길을 통찰력 있는 시야로 안내하고 있습니다. 당신도 이 흥미진진한 모험에 함께하시기를 바랍니다!

A5 · 216쪽
ISBN 89-375-0205-4

본서는 미국 NavPress와의 계약에 의하여 번역 출간한 것이므로 본서의 전부 또는 일부의 무단 복제, 또는 원문에 대한 무단 번역을 금합니다.

날마다 승리하는 삶

초판 1쇄 발행 : 1997년 11월 5일
초판 2쇄 발행 : 2005년 8월 1일

펴낸곳 : 네비게이토 출판사 ⓒ
펴낸이 : 조성동
주소 : 120-600 서울 서대문 우체국 사서함 27호
120-836 서울시 서대문구 창천동 497
전화 : 334-3305(대표), 334-3037(주문), FAX : 334-3119
홈페이지 : http://navpress.co.kr
출판등록 : 제10-111호(1973년 3월 12일)

ISBN 89-375-0210-0 03230